Abt Odilo Lechner

im Gespräch mit **Winfried Nonhoff**

Offen für ein
großes **Geheimnis**

Bibliografische Information der Deutschen Nationalbibliothek

Die Deutsche Nationalbibliothek verzeichnet diese Publikation in der Deutschen Nationalbibliografie. Detaillierte bibliografische Daten sind im Internet über http://dnb.d-nb.de abrufbar.

1. Auflage 2018
© Vier-Türme GmbH, Verlag, Münsterschwarzach 2018
Alle Rechte vorbehalten
Der Verlag dankt der Abtei St. Otmarsberg, Uznach/Schweiz, für die Unterstützung dieses Buchprojektes.
Lektorat: Marlene Fritsch
Gestaltung: Matthias E. Gahr
Umschlagbild: © Abtei St. Bonifaz
Druck und Bindung: CPI Books GmbH, Leck
ISBN 978-3-7365-0130-0
www.vier-tuerme-verlag.de

Abt Odilo Lechner

im Gespräch mit **Winfried Nonhoff**

Offen für ein großes Geheimnis

Mein Leben

Vier-Türme-Verlag

Vorwort

....

Offen für ein Ziel

»... dem wird das Herz weit,

und er läuft in unsagbarem Glück der Liebe ...«

Aus dem Prolog der Benediktsregel

Eine Grundspannung, besser: eine Grunddynamik bestimmt jede Biografie. Sie ist uns mitgegeben. Damit birgt sie auch eine der entscheidenden Aufgaben für jegliches menschliche Leben. Dieser Dynamik können wir nicht entkommen, sollten das um unserer eigenen Identität willen auch gar nicht erst versuchen. Was dann aus dieser Gegebenheit im Lauf eines Lebens und immer wieder an bestimmten Stationen wird, liegt mehr oder weniger in unserer Hand. Und der Umgang mit dieser lebenslangen Aufgabe macht die Eigenwilligkeit, die Kantigkeit, den Charme und die Widerborstigkeit eines Charakters aus.

In etwa ließe sich diese Grundspannung mit den Begriffen Ursprung und Übersetzung ins Heute, in die Wiege Gelegtes und Entwicklungschancen, Tradition und Innovation, Vorgefundenes und Erbautes umschreiben. Ja, wir können gar nicht anders, als uns in dieser Spannung zu bewegen, uns in ihr zu profilieren und zu behaupten bzw. gegebenenfalls auch in ihr aufgerieben zu werden.

Alle kennen das und erfahren es konkret jeden Tag: Ich lese irgendeinen Text und überlege, was er mir sagen könnte. Ich lerne auf irgendeinem Feld von klügeren Menschen und ihren Ideen und versuche, meinen eigenen Standpunkt zu finden. Ich erkenne – vielleicht mit Widerstand – meine familiären Wurzeln und sehe doch, dass ich mehr bin als eine Kopie der Vorfahren. Ich höre ein vor Jahrhunderten komponiertes Musikstück und staune, dass etwas Altes mich anrührt. Ich gehöre Institutionen an und mache mehr daraus, als die von ihnen definierten Regeln zu erfüllen. Ich betrachte im Museum ein Bild und gerate in mir bislang unbekannte Gedankenwelten. Und das Aufregende: All dies Vorgegebene ist Teil jener Dynamik, ist selbst schon hineinverwoben in das ewige Spiel von Ursprung und Übersetzung.

Und erst recht die Begegnungen mit Menschen: Sie konfrontieren mich mit Lebenslösungen, mit eigenwilligen Konstruktionen aus Herkunft und individueller Behauptung. Hier brechen Faszinationen auf. Einmal, weil wir am lebendigen Beispiel etwas von der auch uns abverlangten Kreativität ahnen. Der uns gegenübertretende Mensch hat schon etwas ganz Eigenes geschafft und geschaffen. Aber dann realisieren wir auch unser eigenes Gewordensein. Manche Eigenheiten berühren sich vielleicht in der Begegnung. Manche auf den schnellen Blick ähnliche Lösungen wurden angesteuert. Oft begreifen wir aber erst im Fremden die vielfältigen Möglichkeiten, die wir alle haben, wenn es um die Umsetzung unseres ureigenen Rufs ins Leben geht.

Mir sind solche Begegnungen sehr wichtig. Und je älter ich werde, desto leichter fällt mir dabei das Zuhören, Nachfragen, ja auch Bewundern oder auch die bewusste Abkehr von anderen Verkörperungen der angesprochenen Grundspannung. Wie interessant ist das doch, durch einen anderen Menschen in ungewohnte Erlebniswelten, geistige Architekturen und gemeistertes Schicksal mitgenommen zu werden! Da geht es nicht um Imitation und konturenlose Nachfolge. Den eigenen Weg muss ein jeder ohnedies finden und mit etlichem Stolpern auch gehen. Vielmehr kann ich mich ermutigen lassen, dass ich es schaffen, dass ich ein Ziel vor Augen haben kann, dass Scheitern womöglich nicht in einer Katastrophe münden muss.

Dieses Buch möchte ganz ausdrücklich anregen, sich auf die Begegnung mit der Lebensdynamik begeisternder, zu befragender, heilsam verunsichernder, vielleicht auch irritierender Menschen einzulassen. Wir kommen tatsächlich nicht darum herum, in der Grundspannung von Mitgegebenem und Aufgegebenem unser Leben zu wagen. Und da begleiten einen inspirierend ein Stück weit Menschen, die uns über ihre Ausstrahlung, ihren Humor, ihre Lebensklugheit, ihre Lebensleistung und ihre inneren Gewissheiten anstoßen: »Tu das Deine jetzt selbst! Wage den Einsatz! Prüfe alles! Nicht zu schnell weg mit dem Überkommenen!« Doch: Neu muss das Leben werden, wenigstens ein bisschen ...

Wobei es schon ein Glücksfall ist, auf einen Menschen zu stoßen, der einen anzieht, einem etwas zu sagen hat, weniger an Gefolgschaft oder Applaus interessiert ist. Dennoch möchte ich gern wiederholen: Ein hoher menschlicher Gewinn löst sich ein, wenn zuhörende, fragende, animierende Gesprächspartnerschaft geschieht. Übrigens haben beide dann zu danken. Denn jede echte Begegnung konfrontiert nicht nur mit Lebenslösungen eines der Beteiligten. Im Zusammensein verflüssigen sich wechselseitig Selbstkonzepte, vielleicht auch biografische Verkrustungen. Wenn nicht geurteilt oder verurteilt wird, dann bleiben solche Ereignisse eine Wohltat bis ins hohe Alter, auch wenn solche Irritationen erst einmal nicht immer Spaß machen müssen.

Ich habe das große Glück, in Altabt Dr. Odilo Lechner einen Gesprächspartner geschenkt bekommen zu haben, der mir nicht nur aufgrund seines Alters, seiner vielschichtigen Biografie, seines Wissens und seiner Erfahrung seit etlichen Jahren viel zu vermitteln hat. Er verkörpert darüber hinaus in besonderer Weise jene Grunddynamik, die in jedem Entwicklungsgang zu beobachten ist. Natürlich hat er auch etwas aus seiner Herkunft, seinen Begabungen, Stärken und Schwächen »gemacht«. Doch seine Entschiedenheit als Mönch, als Benediktiner, als Abt und Seelsorger zeigen ihn ganz bewusst und über viele Jahrzehnte hineingestellt in die Spannung von einstigen Ursprüngen und heutigem Engagement. Von vorneherein lebt einer, der wesentlich einer Regel aus dem ersten nachchristlichen Jahrtausend traut, die Dynamik von einst und heute. Zu den gleichsam naturgegebenen Aufgaben, die alle zu lösen haben, treten hier also besondere Zuspitzungen. Glaubende verlassen sich zwar alle auf ein in den Anfängen ergangenes Wort, trauen einer alten Verheißung, die jedoch Tag für Tag neu umgesetzt und bewahrheitet werden will.

Der Mönch aber, der Benediktiner zumal, provoziert uns darüber hinaus mit der Umformung jener uns allen aufgegebenen Grundspannung in »Dabeibleiben und trotzdem Zeitgenosse sein«, in »Stabilität trotz aller Mobilität«. Weil vieles heute schnell erledigt wird, rasant sich wandelnd erobert werden muss, erkennen wir vielleicht die uralte Grundstruktur monastischer Existenz – verpflichtende Distanz und treuer Dienst – wenigstens als eine unserer geheimen Sehnsüchte. Und wenn wir daher in diesem Buch über Klosterleben drinnen sprechen, mag ohne große

Anstrengung die Übertragung in unsere jeweils vor-geformten Welten draußen gelingen.

Das Buch ist also Zeugnis einer Begegnung in meh-reren Gesprächen. In ihnen kamen Facetten des rei-chen Lebens von Altabt Odilo Lechner zur Sprache. Ausgehend von bestimmten biografischen Stationen dachten wir über das jeweils Exemplarische dieser Erfahrungen und Ereignisse für die Suche nach Ziel und Erfüllung in unser aller Leben nach: Wie erken-nen wir unsere je eigene Lebensspur? Wie kommen wir zu einer tragfähigen Entscheidung und halten der Versuchung wegzulaufen stand? Wie gelingt uns ein würdiger Gang im Alter? Welche Faszination geht auch heute von Glaube und Kirche aus? Und woher nehmen wir die Gewissheit, schlussendlich geborgen im letzten Geheimnis unseres Lebens zu sein?

Mein großer Dank richtet sich an meinen Gesprächs-partner Altabt Dr. Odilo Lechner, der sich den Gesprächen, auf die dieses Buch zurückgeht, offen und geduldig gestellt hat. Ich hoffe, dass es uns gelingt, bei Leserinnen und Lesern Neugier aufein-ander und darauf zu wecken, wie jeweils einmalig wir alle unser Lebenshaus – einerseits aus uralten Fun-damenten und andererseits aus ganz aktuellen Mate-rialien, mit Techniken von einst und Knowhow von heute – bauen.

Wer aber konnte wirklich wissen, dass dieses Buch zum Vermächtnis werden würde. Bestürzend rasch verstarb Altabt Odilo Lechner am 3.11.2017. Wenige Tage vorher besprachen wir noch letzte Korrekturen und Ergänzungen. In voller geistiger Präsenz überreichte er mir seine handschriftlichen Einträge und drückte seine Freude über das vollendete Werk und dessen baldiges Erscheinen aus. Nun nach Altabt Odilos Tod leuchtet der Titel unseres Buches in einer ungeahnten Schönheit: »Offen für ein großes Geheimnis – Mein Leben«. Der das von sich sagen konnte, schaut jetzt mehr. Meine trauernde Dankbarkeit verbindet sich mit dem Vertrauen, dass er ruht in Frieden, geborgen in jenem großen Geheimnis, dem er sich zugehörig wusste.

Winfried Nonhoff
November 2017

1

Sich auf das Wesentliche konzentrieren

Die Schule des Alters

WINFRIED NONHOFF (WN): Lieber Odilo, kluge Menschen äußern immer wieder, dass die späteren Jahre eines Menschen in mancherlei Hinsicht seinen frühen ersten Jahren ähneln. Der Aspekt der Hilfsbedürftigkeit steht bei solchen Überlegungen im Mittelpunkt. Wie ist es bei dir mit der Angewiesenheit auf Hilfe während der letzten Jahre? Fällt dir das schwer und wenn ja: Was fällt dir dabei schwer?

ODILO LECHNER (OL): So viel Ähnlichkeit mit der Kindheit finde ich im Alter eigentlich nicht. Ich hatte eine sehr gute Kindheit. Ich bin Einzelkind, meine Eltern waren schon älter, der Vater bald fünfzig und die Mutter schon fast vierzig, als ich geboren wurde. Sie haben spät geheiratet und ihr erstes Kind kam tot zur Welt. Ich war relativ verwöhnt. So habe ich das Angewiesensein auf meine Eltern nicht als so schmerzlich empfunden. Ich empfinde jetzt auch im Alter die Abhängigkeit nicht so stark, obwohl es natürlich spürbar ist, dass ich Hilfe von den Mitgliedern unserer Gemeinschaft brauche. Das empfinde ich nicht als so schwer. Ich bin eher erstaunt, dass man es im Alter wenigstens bei uns noch ganz gut hat. Ich kann mich erinnern: 1943, da war ich zwölf Jahre alt, hat am Gymnasium mein Lehrer von der Jahrtausendwende im Mittelalter gesprochen. Er sagte dann zu uns: »Ihr könnt ja auch noch eine Jahrtausendwende erleben.« Ich dachte, so etwas Verrücktes: Jetzt, 1943, mitten im Krieg, ist das Jahr 2000 unendlich weit weg. Da kann man noch gar nicht dran denken. Als dann das Jahr 2000 kam, ist mir das wieder eingefallen. Plötzlich war es ganz selbstverständlich, dass ich diese Jahrtausendwende erleben durfte, und auch das ist nun schon wieder siebzehn Jahre her. Freilich werden heute auch die Menschen älter. Damals im Krieg hat man das drohende Ende viel näher vor Augen gehabt. Insofern bin ich sehr zufrieden, dass ich heute Hilfe annehmen darf, vor allem von meinen Mitbrüdern, aber auch von Ärzten und Pflegern im Krankenhaus. Doch ist es im Alter manchmal schon etwas schwierig, weil sich die Menschen in meiner Umgebung zu viele Sorgen machen und mir dreinreden, was ich tun darf und was nicht. Aber ansonsten empfinde ich Hilfsbedürftigkeit nicht als bedrohlich.

WN: Bist du beschenkt mit der raren Gabe zu sagen: »Ich brauche das und jenes«, und genierst dich dabei nicht?

OL: Im Allgemeinen sehen die Mitbrüder und andere Menschen schon von selbst, was ich brauche. Es kommen oft Fragen wie: Was brauchst du denn, was kann ich für dich tun?

WN: Du warst in deiner langen Karriere als Mönch ein Regent, ein »Ansager«, wie man heute sagt. Welche ungewohnten und in den letzten Jahren auch neu zu erwerbenden Haltungen mussten sich im Gegenzug dazu entwickeln, jetzt, wo du dieser »Ansager« nicht mehr bist?

OL: Stimmt, ich war neununddreißig Jahre lang Abt, und das wurde ich mit dreiunddreißig. So war ich dann durchaus froh, dieses Amt wieder niederzulegen, von der Verantwortung wieder frei zu sein. Das habe ich tatsächlich als Befreiung empfunden. Wie auch viele Leute, die in Pension gehen, das als etwas Positives sehen, weil sie sich nun verschiedenen Dingen widmen können, die sie vorher nicht tun konnten. Es gibt allerdings auch sehr viele, die darunter leiden, vor allem, wenn sie plötzlich aus einer sehr verantwortlichen Tätigkeit etwa in der Wirtschaft entfernt werden. Sie tragen schwer daran. Aber im Kloster, denke ich, ist man schon immer darauf angewiesen, aufeinander zu hören und sich weiterhin einzubringen. Auf der anderen Seite hat ein Altabt natürlich auch gewisse Freiheiten, es für sich selbst passend einzurichten. Dass andere jetzt ansagen, habe ich nicht als einen Mangel empfunden. Natürlich weiß ich, dass ich selbst manches etwas anders gemacht hätte oder anders machen würde, aber im Allgemeinen bedrückt mich das nicht.

WN: Die Demut, in die zweite Reihe zurückzutreten, fiel dir also nicht schwer.

OL: Das nicht. Ich bin als Einzelkind nicht unter Geschwistern aufgewachsen, ich musste mich also nicht gegen meine Brüder oder Schwestern durchsetzen. Ich bin eher nachgiebig, bin auch eher schlampig. Also ganz verschiedene Eigenschaften, die jetzt aber auch manchmal von Vorteil sind.

WN: Du hast deine Mitbrüder in dieser spezifischen Situation schon öfters erwähnt. Im Kloster ist man vielleicht einsam, aber doch nie allein. Ergeben sich aus dieser Situationsbeschreibung Vorteile für ein Leben im Alter?

OL: Ich würde das schon so sagen, weil es im Kloster nicht solch einen Abbruch gibt durch den Ruhestand. Stattdessen lebt man eigentlich sein Leben weiter. Die Grundformen des Daseins, zum Beispiel das Gebet, bleiben und mancher Einsatz in der Gemeinschaft auch. Es ist nicht so, dass plötzlich ein Bruch da ist, sondern man lebt weiter in der Gemeinschaft und versucht beizutragen, was man beitragen kann. Insofern ist es sicher für andere Menschen viel schwieriger. Beispielsweise für Verheiratete, wenn einer der Ehegatten stirbt. Das kann für den anderen ein sehr großer Einschnitt sein und ein großer Verlust. Im Kloster leben die anderen Mitbrüder weiter, die man schon kennt, und es kommen neue dazu. Ich finde: Das Leben geht im Kloster einfach »normaler« weiter als ein Leben, das ausschließlich vom Beruf geprägt war oder von der Familie.

WN: Tut vielleicht auch der Gedanke gut, nie Angst haben zu müssen, abgeschoben zu werden?

OL: Es gibt natürlich schon die Situation, dass einer so schwer krank ist, dass er nicht mehr im Kloster versorgt werden kann. Das weckt bei manchen Mönchen Ängste, bei mir bis jetzt nicht. Es kommt immer auf die Zusammensetzung des Klosters an, ob in der Gemeinschaft Menschen da sind, die helfen können, vor allem auch jüngere, oder ob die fehlen.

WN: Wenn ich das höre, frage ich mich, ob aus diesem Leben im Kloster nicht etwas zu lernen wäre für das Leben draußen.

OL: Ich bin überzeugt, dass unser Leben im Kloster einen gewissen Modellcharakter hat. Es sind für uns einige Erleichterungen da, aber da ist vor allem auch eine Ausrichtung auf ein Ziel hin. Der heilige Benedikt mahnt seine Mönche, täglich den Tod vor Augen zu haben. Ich finde, das ist eine sehr gute Empfehlung auch für die Menschen außerhalb des Klosters. Ich kann von aktuellen Dingen etwas absehen, wenn ich mir überlege, wie ich sie beurteilen würde, wenn ich auf dem Sterbebett liegen würde. Dinge, die mich sehr bedrängen und mir Sorgen machen, werden gleichgültig. Etwas, das mir ein anderer angetan hat, wird eher zur Lappalie. Andererseits könnte ich mich auf dem Sterbebett über manches Schöne freuen, das ich tun oder erleben durfte, und darüber, dass ich immer wieder Menschen kennenlernen durfte, die mir in Freundschaft verbunden sind. Das ergibt dann einen Maßstab für die Beurteilung der jeweiligen Dinge, die im Alltag vorkommen.

WN: Das Glück, in einem Kloster zu leben, in dem mehrere Generationen vertreten sind, jüngere und ältere, enthält auch eine Anfrage an das isolierte Leben sonst.

OL: Natürlich gibt es heute klösterliche Gemeinschaften, deren Altersdurchschnitt relativ hoch ist. Ich erlebe manchmal Schwesterngemeinschaften, die eine schöne große Aufgabe erfüllt, aber jetzt keinen Nachwuchs mehr haben. Da ist schon manchmal Angst da. Doch ich bewundere jene, die fröhlich bleiben und einander im Alter helfen, als Alte selbst andere pflegen, weil sie sich in einer Ausrichtung auf etwas Ewiges erfahren. Darum können sie das ertragen und auch mit einiger Freude weiterleben. Sie beten ihr Chorgebet. Das klingt nicht mehr schön, sie werden oft falsch singen, aber sie loben Gott trotzdem mit Freude.

WN: Ich werde noch einmal ganz konkret. Mit den Jahren – man sieht es ja auch bei dir – kommen manche mechanische Stützen zum Einsatz, im wahrsten Wortsinn zum Tragen: der Stock, die Stöcke, der Rollator. Sind damit nicht auch Kränkungen unserer Souveränität gegeben?

OL: Ich würde das so nicht sagen. Es kommt darauf an, mit diesen Hilfsmitteln richtig umzugehen. Alles Leben bringt natürlich immer wieder eine gewisse Reduktion mit sich. Und Reduktion hat einen schlimmen Klang für viele. Mir ist da etwas Entscheidendes aufgegangen, als ich einmal einen Vortrag vor Leuten gehalten habe, die mit behinderten Menschen arbeiten. Da stand natürlich das Thema Reduktion im Raum, weil vieles tatsächlich reduziert ist. Reduktion wird häufig als einschneidend erfahren, wenn man zum Beispiel nicht mehr selbst gehen oder vieles nicht selbst schaffen kann. Aber gerade im Blick auf die Menschen mit Behinderung sah ich, dass manche ein sehr erfülltes Leben in innerer Zufriedenheit leben. Da habe ich verstanden, dass das Wort Reduktion nicht nur bedrohlich wirken, sondern auch etwas sehr Wertvolles bedeuten kann: Reduktion auf etwas Wichtiges und Wesentliches. Gewöhnlich gehe ich davon aus: Es gehört zum Menschsein, dass man laufen, aufrecht stehen, sehen kann. Den Menschen mit Behinderung ist vieles weggenommen, aber selbst wenn man nichts sieht, kann man vieles im Inneren wahrnehmen, durch Hören und Betasten. Es können sich andere Sinne stärker entwickeln. Das wahrhaft Menschliche, dass man den Lebenssinn sucht und sein Leben annimmt, wird dadurch nicht beeinträchtigt.

Es gibt jetzt im Alter gewisse Reduktionen in meinem Leben: Vor acht Jahren musste ich mit dem Skifahren aufhören, weil ich ein künstliches Kniegelenk bekommen habe. Vor zwei Jahren musste ich mit dem Radfahren aufhören, weil ich ein paar Mal gestürzt war und es zu gefährlich wurde. Das Radfahren war für mich sehr wichtig, weil ich so in der Stadt leicht überall hingekommen bin. Ich bin früher sehr gerne zum Schwimmen gegangen, aber seit ich einen künstlichen Ausgang habe, habe ich auch das aufgehört. Dennoch: Das alles hat mich nicht so stark betroffen. Man kann sich dann eben auf anderes konzentrieren.

WN: Das alles beeindruckt mich und klingt sehr versöhnt. Kam aber doch nicht manchmal auch Wut hoch? Hast du nicht gedacht: Jetzt muss ich mit diesem Rollator gehen, verflixt noch mal, und die Kniebeuge am Altar geht auch nicht mehr!

OL: Ich habe öfter Menschen gesehen, die mit dem Rollator gegangen sind. Ich muss gestehen, dass ich mich damit relativ leicht abgefunden habe. Natürlich spielt dabei eine Rolle, dass ich, wie ich schon erzählte, als Einzelkind ein relativ verwöhntes Leben hatte, selbst in der Kriegszeit, weil meine Eltern dafür gesorgt haben, dass es mir gut ging. Mir fiel es daher leicht, Dinge einfach hinzunehmen. Aber es hat mir dann doch etwas gefehlt: die Durchsetzungsfähigkeit, dass man sich ganz energisch für etwas einsetzen kann, etwas, was man unter Geschwistern besser gelernt hätte.

WN: Wenn man etwas verallgemeinernd die Werte sieht, die in unserer Gesellschaft reichlich oberflächlich gefeiert und gelebt werden, dann frage ich im Gegenzug: Was lernt man aus solchen Unabänderlichkeiten, von denen du gesprochen hast, für unser Verständnis der menschlichen Person, ihrer Würde, ihres Drangs nach Unabhängigkeit, dass es eben das Tollste sei, »autonom« zu sein?

OL: Autonom ist natürlich keiner, weil man immer abhängig ist von seiner Umwelt, von der Gesellschaft, von anderen Menschen. Aber bei dieser Reduktion, der man im Alter ausgesetzt ist, kann man sich darauf besinnen, was das eigentlich Wichtige ist. Es ist für mich zum Beispiel sicher neu, dass ich nicht mehr so weit spazieren gehen kann oder wandern, was ich früher gerne gemacht habe. Aber es gibt vieles andere, das mir Freude macht, das Lesen beispielsweise. Man kann nun freier über seine Zeit verfügen. Auch wird einem Neues geschenkt. Ameisen waren für mich früher nichts Wichtiges. Als Bub staunte ich höchstens im Wald über einen großen Ameisenhaufen. Jetzt gehe ich noch in unserem Garten ein wenig mit dem Rollator spazieren, etwas über ihn gebeugt und darum mit einem neuen Blick auf den Boden. Und da entdecke ich, wie viele Ameisen über den Hof laufen. So viele kleine unscheinbare Wesen – und doch jedes etwas Einzigartiges. Ich gebe mir Mühe, keines zu zertreten. Ich vergleiche sie mit uns Menschen, wie sie vielleicht von einem anderen Planeten aus gesehen werden, unzählige Wesen und doch jeder Einzelne kostbar und einmalig. Und so, wie mir eine einzelne Ameise jetzt in den Blick kommt, wird jeder von uns vom Unendlichen voller Liebe angeschaut.

WN: Denken wir noch ein bisschen mehr über Erkenntnisse des Alters, die freiwilligen und nicht ganz freiwilligen, nach: Gibt es eine Lebensschule der Schmerzen? Was lernt man in dieser Schule?

OL: Ich glaube, es kommt darauf an, unabänderliche Dinge anzunehmen, das heißt, sein ganzes Leben anzunehmen. Das ist das eigentliche Geheimnis eines glücklichen Lebens: zu meinem Leben Ja sagen, einen Sinn darin finden zu können. Und dann werden auch schmerzliche Erfahrungen zu etwas durchaus Wertvollem. Wenn man im Alter auf sein Leben zurückblickt, dann sieht man, dass man manches, das man einmal für eine Katastrophe hielt, was gar nicht gelungen war, was man gar nicht fertig brachte, jetzt auch als etwas Positives deuten kann. Ich erkenne vielleicht, dass etwas, das ich damals durchsetzen wollte, gar nicht so gut gewesen wäre. Ich merke, dass eigentlich vieles andere wichtiger und schöner war. Es kommt also darauf an: Kann ich zu meinem Leben Ja sagen? Daraus ergibt sich ein innerer Friede. Und da hilft der Glaube sehr, auf jeden Fall bei der Frage: Hat das einen Sinn, hat mein Leben einen Sinn, auch wenn etwas schief läuft? Ich habe vor Kurzem eine Reflexion von Martin Walser gelesen. Sie endet mit zwei Sätzen: »Du bist ein Aufbruch, dem nicht gesagt wird, wohin. Jeder wird durch Zustimmung zur Friedensfeier kommen, sagt mir, wohin.« Es bleibt das Wissen: Wir brauchen einen solchen Sinn oder eine Führung, aber wir tun uns oft schwer, das zu erkennen. Das ist das Geheimnis der Hoffnung, die wir in uns tragen. Wolf Biermann, der Literat und Sänger, der viel durchgemacht hat, hat einmal geschrieben: »Wer heute noch Hoffnung macht, der lügt. Doch wer die Hoffnung tötet, ist ein Schweinehund.« Das heißt, wir brauchen diese Hoffnung, wir brauchen diese Frage nach dem Sinn unseres Lebens, auch wenn wir nicht so genau sagen können, was das nun ist. Das muss uns immer wieder neu aufgehen.

WN: Odilo, ich habe einmal gelesen, dass das Alter die Zeit sei, in der die sogenannten evangelischen Räte – Gehorsam, Armut und Keuschheit bzw. Ehelosigkeit – tatsächlich verwirklicht werden, vielleicht, weil sie dann auch verwirklicht werden müssen, oder, etwas frech formuliert, es bleibt einem gar nichts anderes mehr übrig. Wie siehst du das?

OL: Das ist sicher richtig. Es kommt darauf an, ob ich zu der Situation, in der ich jetzt bin, auch Ja sagen kann. Zur Einsamkeit, weil der Ehegatte nicht mehr da ist. Zum Verzicht auf manchen Besitz. Ich sehe das immer wieder, wenn jemand seine Wohnung aufgeben muss, weil er ins Altersheim zieht: Es ist so schwierig, dieses oder jenes loszulassen. Jedes Stück in der alten Wohnung sieht man als wertvoll und wichtig an, trotzdem muss man alles loslassen. Das ist sicher eine Übung in dem, was die evangelischen Räte meinen: Wir können auf Verschiedenes verzichten, weil etwas Wichtigeres in den Blick kommt, also statt materiellem Gewinn innerer Reichtum und so weiter. Das bleibt eine Aufgabe, und auch insofern ist das klösterliche Leben ein gewisses Modell für jedes Leben.

WN: Da muss ich jetzt etwas konkreter nachfragen: Was heißt denn durch Alter klug geworden und belehrt? Was heißt in diesem Zusammenhang Gehorsam, was Keuschheit, was Armut?

OL: Ich weiß, dass ich mein Herz nicht an das hänge, was ich besitze oder genieße. Ich weiß, dass es im Letzten auf ein Leben mit Gott ankommt. So wird die Geltung vor anderen Menschen nicht mehr so wichtig. Ich kann dem gehorchen, was unabänderlich auf mich zukommt. Das entspricht dann im klösterlichen Leben und bei den evangelischen Räten, die Jesus für alle ausspricht, dem inneren Loslassen.

WN: Welche Mahnung, welche Weisheit ergeben sich gerade unter dem Aspekt erworbener oder erkämpfter Altersklugheit für unser ganzes Leben in den besten Jahren? Gleichsam in der Rückschau, was können sich Jüngere ruhig auch einmal gesagt sein lassen?

OL: Ich denke, das Leben wird im Alter einfacher in der Reduktion auf das, was noch möglich ist, aber auch auf das, was wirklich wichtig ist. Ich kann mich erinnern, dass ich als junger Priester und Theologe den Kopf geschüttelt habe, als ich las, dass der berühmte und gelehrte Kardinal Newman, als er alt wurde, nicht mehr die großen Gedanken entfaltete, sondern zufrieden war, täglich den Rosenkranz zu beten. Das schien mir etwas sehr Reduziertes, Primitives zu sein. Aber nun muss ich sagen, dass ich den Wert des Rosenkranzes eigentlich erst jetzt erkannt habe und ihn auch gerne bete. Im Alter lernen wir, mit etwas ganz Einfachem zufrieden zu sein und darin auch immer wieder etwas Neues zu entdecken. Ich, der früher den Rosenkranz wenig gebetet habe, bemühe mich jetzt, ihn täglich zu beten. Ich kann dabei auch eigene Gedanken entwickeln. Papst Johannes Paul II. hat uns ein viertes Geheimnis des Rosenkranzes geschenkt (die lichtreichen Geheimnisse), ähnlich hatten schon vorher deutsche Theologen einen Rosenkranz auf Zukunft hin entworfen (trostreiche Geheimnisse). So ist mir eingefallen, dass man beim Rosenkranz noch weiter an das Leben Jesu denken könnte, zum Beispiel, dass er mit den Händen gearbeitet hat in seiner ersten Lebensphase. Charles de Foucauld hat dies besonders für seine Gemeinschaft entdeckt: Jesu schlichtes Leben und Arbeiten im Verborgenen. Ein Zweites wäre die Versuchung in der Wüste. Der Satan tritt immer wieder an den irdischen Jesus heran: »Mach aus Steinen Brot, sorg einfach für das Materielle, dann wird alles gut.« »Stürz dich von der Zinne des Tempels, mach also eine große Show, dann fliegen dir die Herzen zu.« Oder auch: »Bete die irdische Macht an, dann kannst du alles erreichen.« Solche Versuchung hat ihn begleitet bis an sein Lebensende. Dann das Dritte: Jesus, der die Armen selig gepriesen hat, die Seligpreisungen. Offen zu sein für das, was Gott schenkt. Ein Viertes: Jesus, der die Kranken und Besessenen heilt, die Werke der Nächstenliebe, die Jesus getan hat und die auch unser Christsein ausmachen. Und schließlich, dass Jesus den Jüngern die Füße gewaschen hat, der Diener aller wird. So kann man den Rosenkranz immer noch etwas erweitern oder vertiefen. Das wird einem im Alter geschenkt, dass man oft in ganz einfachen Dingen einen tieferen Sinn erkennt.

WN: Darüber könnte ab und an durchaus auch ein Jüngerer nachdenken.

OL: Ja, so ist es.

WN: Ich lege den Hebel bei unserem Gespräch »Schule des Alters« jetzt einmal auf die andere Seite. Da gibt es doch auch das Phänomen der fröhlichen Alten, Gott sei Dank, oder die Rede von den Freuden des Alters. Erzähl mir doch bitte einmal etwas von deinen Freuden des Alters.

OL: Das ist bei alten Menschen sehr verschieden. Manche müssen eine sehr schwere Depression erleiden. Auch die großen Heiligen – Mutter Teresa von Kalkutta etwa – haben gerade im Alter eine innere Leere gespürt, nicht mehr die Freude des Anfangs. Aber es war für sie sehr wichtig, das zu ertragen und trotzdem auf Gott zu vertrauen. Und darin liegt schon eine Freude des Alters: Ich kann selbst nichts mehr erreichen, sondern ich muss ganz im Vertrauen auf Gott leben. Das gibt wieder eine gewisse Gelassenheit und Fröhlichkeit. Wie gesagt, das Leben im Alter ist so verschieden wie die Menschen. Mancher sagt: Ich habe jetzt mehr Zeit zum Beten und für das, was mir wichtig ist. Das macht mich froh. Andere merken, dass Beten ihnen sehr schwer fällt, weil sie sich nicht mehr konzentrieren können. Aber die rechte Gelassenheit, nicht mehr unter Druck zu stehen, etwas leisten zu müssen, die schenkt eine Fröhlichkeit, die die kleinen Dinge genießen kann. Man muss dann einfach damit zufrieden sein, dass einem andere Leute etwas schenken, ohne dass man gleich darüber nachdenken muss: Was schenke ich denen wieder? Ich werde freier und kann manche Freuden leichter genießen.

WN: Was sind also jetzt in deinen Augen – du hast es schon angedeutet – die Zugewinne dieser Jahre, die du persönlich nicht missen möchtest?

OL: Ich denke, dass das Alter eine gewisse Gelassenheit geben kann. Ich nehme die Dinge an, so wie sie kommen. Ich muss nicht alles selbst in die Hand nehmen und steuern. Und was die ehrgeizigen Pläne angeht, die jeder Mensch hat: Im Alter weiß man, dass sich Großes nicht mehr verwirklichen lässt. Dagegen darf ich sagen: So, wie ich lebe, ist es recht, ich muss nichts Besonderes mehr leisten. Das bewirkt dann auch eine Fröhlichkeit, wenn man sich zusichert: Von mir ist jetzt nichts Großes mehr verlangt. Der Druck, den man als Kind hat, dass man ein gutes Zeugnis heimbringen soll, oder der Druck im Beruf, dass man Erfolg hat und Anerkennung findet, das alles fällt in gewisser Weise weg. Selbst die Dinge, die mir in meinem Leben misslungen sind, wo ich versagt habe, was nicht so gut war, alles das kann ich in die Hände Gottes geben, und da ist es gut aufgehoben. Ich muss mich nicht mehr damit quälen.

WN: Das zum Zugewinn dieser Jahre. Aber auf was ließe sich denn auch gut und gerne verzichten?

OL: Ich muss und darf annehmen, dass mir manches genommen wird. Ich habe ja schon angemerkt: Ich bin sehr gerne Ski gefahren, sehr gerne gewandert, gerne Rad gefahren, gerne zum Schwimmen gegangen. Aber wenn man sieht, das geht jetzt nicht mehr, und sagt dazu Ja, dann kann man durchaus fröhlich bleiben. Ich kann also ohne Neid am Schwimmbad vorbeigehen, in das ich früher sonst immer sehr gerne hineingegangen bin.

2

Nicht alles so ernst nehmen

....

Vom Werden einer Persönlichkeit

WN: Vielleicht gleicht das Alter einem Leuchtturm mit ausleuchtenden Scheinwerfern in viele Richtungen: in die Vergangenheit der Kindheit, der Jugend und in die Jahre der ersten wirklichen Entscheidungen.

Wenn du in deine Kindheit bis ins Alter von ungefähr fünfzehn Jahren blickst, was hast du in diesen Jahren geschenkt bekommen, das sich ganz positiv tragend bewährt und durchgetragen hat?

OL: Zunächst bin ich sehr dankbar für die Familie, in der ich aufgewachsen bin. Auch wenn ich es damals durchaus als Nachteil empfunden habe, dass ich etwas ältere Eltern hatte, die vorsichtiger, zurückhaltender waren als die meiner Schulkameraden, so habe ich doch eine große Fürsorge erfahren. Der Vater war eher ernsthaft. Er war Beamter bei der Bayerischen Staatsbank und hatte das Gymnasium abbrechen müssen, weil sein Vater gestorben war. Er musste dann eine Banklehre absolvieren. Aber er hatte es weit gebracht, bis ins Direktorium der Bayerischen Staatsbank. Er war ein tief religiöser Mensch. Er ist zum Beispiel auf dem Weg von zu Hause zu seiner Arbeitsstelle immer durch den Münchner Hofgarten gelaufen und in die Theatinerkirche gegangen, um Gott zu ehren. Er hat täglich, soweit ich mich erinnere, ein Kapitel aus der »Nachfolge Christi« gelesen. Er reagierte leicht nervös und konnte sich über vieles aufregen, doch ohne handgreiflich zu werden. Meine Mutter war ein fröhlicher Mensch. Sie konnte mit uns Kindern gut Fasching feiern, musizierte und malte gern. Sie litt allerdings sehr früh schon an einem Magengeschwür, das sie lange begleitet hat. So starb sie auch relativ früh, 1956, also in dem Jahr, in dem ich die Priesterweihe empfangen durfte. Der Vater hat dagegen auch noch meine Abtsweihe erlebt. Meine Mutter war mir eine Ermutigung; doch habe ich erst später richtig zu schätzten gelernt, was durch sie an Liebe und Zuneigung in das Familienleben eingeflossen ist. Zunächst durchlebte ich eine relativ unbeschwerte Kindheit, vor allem im Kindergarten, der für mich als Einzelkind sehr wichtig war. Dann aber war prägend und in der Erinnerung auch ungeheuer wichtig die Nazi- und die Kriegszeit.

WN: Auf diese Zeit werde ich gerne noch einmal gesondert zurückkommen. In späteren Jahren – jedenfalls geht mir das so – staunt man doch zunehmend, wie sehr man seinen Eltern ähnelt, obwohl man oft versucht hat, sich von ihnen abzusetzen. Meine Frage: Was, glaubst du, hast du von deiner Mutter und was hast du von deinem Vater?

OL: Von der Mutter, denke ich, habe ich, dass ich auf andere Menschen zugehen kann. Es stimmt mich froh, anderen eine Freude zu machen oder mit Kindern zu scherzen. Vom Vater habe ich eher den Ernst, dass ich mir manchmal mehr Sorgen gemacht habe, als nötig gewesen wäre. Vom Vater als Beamten habe ich das Pflichtgefühl, dass man das, was einem aufgetragen ist, auch erfüllt und gut zu erfüllen versucht.

WN: Welche Rolle spielen für dich bis heute die politischen Gegebenheiten deiner Kindheit?

OL: Sie spielen eine ganz große Rolle. Ich gehöre zur Generation, die 1945 vierzehn Jahre alt war, das heißt, ich habe alles mitbekommen, was Krieg bedeutet: Luftschutzkeller, Angst vor den Luftangriffen, Not und Kargheit, auch in der Nachkriegszeit. Wenn ich sehe, wie wir heute leben (auch im Kloster) und wie eingeschränkt das Leben damals war, kann ich nur staunen. Ich erinnere mich, was in der Zeit zwischen 1946 und 1949 in Metten im Internat ein Stück Brot bedeutete. Das war ein Tauschwert. Ich habe Jüngeren Nachhilfeunterricht erteilt: Im Bayerischen Wald und in Niederbayern hat manchmal ein Kind eine Wurst oder einen Schinken gekriegt und mir als Entgelt für die Nachhilfe weitergegeben. Die Not des Krieges und die Nachkriegszeit haben uns geprägt. Aber das hat mir nicht geschadet.

Zum anderen bin ich damals politisch aufmerksam geworden. Der Vater musste praktisch mit dem ganzen Direktorium in die Partei eintreten, um Angriffe zu vermeiden. Ich musste zum Jungvolk. Das war keine schlimme Sache, wir hatten ganz vernünftige HJ-Führer. Aber trotzdem kam es immer wieder zum Konflikt. Ich kann mich erinnern: Einmal hatten wir vom Jungvolk aus – ich war elf oder zwölf Jahre alt – eine Veranstaltung im »Alten Hof« zu besuchen. Ein HJ-Funktionär hielt eine Rede über Kriegsbegeisterung und Treue. Schon in der Schule musste ich oft über so etwas lachen, das kam bei den Oberen nicht gut an. Ich habe bei dieser Veranstaltung wohl auch etwas laut über das gelacht, was der Redner sagte. Auf dem Heimweg gingen wir an der Isar entlang zum Friedensengel. Wir waren zu dritt oder viert. Auf einmal ist einer der HJ-Führer mit dem Rad vorbeigefahren und hat uns angeschaut. Er kam auf mich zu und sagte: »Du hast da so frech gelacht.« Ich war erstaunt, dass der das gesehen und bemerkt hatte. Er blickte auf mein Jungvolkhemd, auf dem ein kleines Zeichen mich als Hordenführer auswies: ein Titel, den wir alle bekamen als Anreiz für höhere Chargen. Er sagte: »Das geht nicht. Du bist jetzt kein Hordenführer mehr.« Ich war betroffen und wusste, dass das gefährlich werden konnte. Als ich nach Hause kam, geriet auch der Vater als Beamter etwas in Sorge. Er fand die Telefonnummer des HJ-Führers, der ihn allerdings beruhigte. Jetzt wusste ich nicht recht, was ich mit diesem Abzeichen machen sollte. Dann kam der Sommer und ich habe das HJ-Hemd aufgekrempelt, damit man das Abzeichen nicht mehr sah. Das waren die kleinen Listen, mit denen man diese Zeit durchgestanden hat.

Das funktionierte auch in der Schule. Ich war am Wilhelmsgymnasium, eine Ausnahme unter den Münchner Schulen: Dort wurden die politischen Konflikte ungeheuer stark ausgetragen. Als ich 1941 in die erste Klasse des Gymnasiums kam, waren während der Ferien alle Kruzifixe aus den Klassenzimmern entfernt worden. In den höheren Klassen waren viele gegen die Nazis und hängten mithilfe ihrer Eltern neue Kruzifixe auf. Das geschah so an verschiedenen Schulen und dort haben die Schulbehörden sie auch rasch wieder entfernt. Aber an unserem Gymnasium herrschte große Aufregung. Der Direktor ließ die Gestapo kommen und in den Klassen wurden Verhöre abgehalten. Man hat dann jeweils die »Haupttäter« bestraft. Sie wurden dimittiert, d.h. sie waren dann von der Schule ausgeschlossen und damit auch von jeder höheren Schule. Viele haben sich dann für diese Kinder eingesetzt und nach einigen Wochen kamen sie wieder in die Schule. Aber es herrschte immer Kampfstimmung. Wir hatten einen Nazi-Rektor und in der zweiten und dritten Klasse auch einen SA-Sturmbannführer als Klassenleiter. Der war zwar saudumm, dafür sehr streng. Er hat natürlich immer die Nazi-Ideologie zur Sprache gebracht. In Latein beispielsweise war virtus – die Tugend – natürlich etwas Germanisches.

In der zweiten Klasse am Gymnasium kam es zum Konflikt. Am Ende des Schuljahres, als wir im Geschichtsunterricht die Antike behandelten, sprach unser Klassenlehrer davon, dass die Bischöfe von Rom im dritten Jahrhundert das Petrusgrab erfunden und so das Papsttum begründeten hätten. Das wurmte mich Elfjährigen gewaltig, sodass ich zu Hause in einer kleinen Kirchengeschichte nachschaute und diese auch zur nächsten Geschichtsstunde mitnahm. Bei der üblichen Wiederholung des Stoffes meldete ich mich und verwies auf die Zeugnisse von Clemens (Brief an die Korinther) und Ignatius von Antiochien. Die Antwort des Lehrers: Er kenne diese Namen schon, das wären eben die ersten, die das im dritten Jahrhundert behauptet hätten. Ich blickte noch einmal unter der Bank in mein Geschichtsbuch und sagte, dass dies im Jahr 96 gewesen sei. Als einige zu grölen anfingen, wurde er wütend und schrie: »Auf diese Zahlentricks lasse ich mich nicht ein. Haltet nur zu euren Päpsten, die Deutschland vernichtet haben!« Als sich ein Schüler meldete und sagte: »Herr Professor, ich halte nicht zu den Päpsten«, antwortete der Lehrer: »Ich weiß schon, dass es noch gute deutsche Jungen gibt. Aber euch schwarzen Hunden wird man die Augen noch öffnen.« Er schimpfte den Rest der Stunde über unsere nationale Unzuverlässigkeit. Wir lebten also in einem sehr politisierten Klima.

Auch in unserer Klasse, also schon unter Zwölfjährigen, hatte sich 1943 eine Gruppe gebildet, die nannte sich GPU (die Geheime Staatspolizei der Sowjetunion). Chiffren wie »HM« oder »NmH« wurde unten auf die Tafel oder in der Toilette an die Wand geschrieben, das bedeutete »Heil Moskau«, oder »Nieder mit Hitler«. Es hat sich dann zwar spielerisch, aber doch auch ernst in der Klasse sofort eine Gegenpartei gebildet, die nannten sich SS, das waren wohl die Kinder von Nazis. Danach haben sich dann auch die Völkerballmannschaften aufgestellt. Für mich bis heute soziologisch interessant: Es bildete sich bald eine größere Gruppe, die sich Wehrmacht nannte. »Wir sind nicht für Moskau, wir sind auch nicht für Hitler, wir sind Wehrmacht wie unsere Väter«, sagten sie. Einmal setzte sich im Zeichenunterricht, der in einem eigenen Saal stattfand, in dem jeder sitzen konnte, wo er wollte, der Peter Sepp neben mich und fragte: »Du, sag mal, wie hat denn unsere Partei vor '33 geheißen?« Er stammte aus einer gut katholischen Arztfamilie und wusste auch um meine katholische Überzeugung. Erstaunlich, dass ich, zehn Jahre nach ihrem Untergang, irgendwie vom Vater wusste: »Das war die Bayerische Volkspartei«, also die katholische bayerische Partei. Am nächsten Morgen kam Peter dann in die Schule und zeigte mir unter der Jacke ein kleines Papierzeichen: BVP. Das blieb unser Geheimnis.

In einer Diktatur entstehen viele Witze. In der Schule gab es fast täglich einen neuen Witz und wir Zwölfjährigen haben sie weitererzählt. Es hieß dann: Sei vorsichtig, sonst kommst du nach Dachau. Was das war, wusste ich natürlich nicht. Aber dass es etwas Übles war, war schon klar. Ich kann mich an mehrere dieser Witze erinnern. So musste der Zeichenlehrer, der keine besondere Leuchte war, einmal einen Aushilfsunterricht im Klassenzimmer geben, weil der Fachlehrer krank war. Er wusste nicht recht, was er mit uns tun sollte. So sollten wir etwas vorlesen, Gedichte oder Ähnliches aus dem Lesebuch. Da schwindelte einer: »Darf ich auch etwas vom Karl May vorlesen?« Er durfte und sagte dann: »Eine Frau kommt mit ihrem Hund zum Arzt. Der fragt: ›Was fehlt denn dem Hund?‹ ›Mein Dackel zittert in der letzten Zeit so stark.‹ Da sagt der Arzt: ›Das ist doch nichts Besonderes, jetzt zittern alle braunen Hunde.‹« Die Klasse lachte, der Lehrer tat so, als ob er nichts verstanden hätte. All das hat den Sinn für das Politische früh in mir geweckt.

WN: Die Erinnerungen an die Zeit, in der du noch ein Kind warst, sind ungeheuer präzise und prägend. Was war der Lerneffekt für dich als größer werdender Mensch? Warst du gewappnet auf deinem weiteren Lebensweg? Was hast du gelernt im Blick auf die tatsächliche Bösartigkeit des Menschen?

OL: Zunächst war für mich 1945 eine große Befreiung hinein in die Demokratie. Es brauchte freilich noch ein paar Jahre, bis eine tief sitzende Angst – geboren in den Luftschutzkellern, entstanden durch die Unberechenbarkeit des herrschenden Systems – einer Haltung des Vertrauens in die Zukunft wich. Der Lerneffekt: Man muss und darf immer wieder Stellung beziehen und auch Widerstand leisten. Der ist in einer Demokratie natürlich viel leichter möglich. Auch war ich die ersten Jahre ganz deutlich gegen den Krieg. Es tauchten für mich viele Fragen auf, als es in Deutschland um die Wiederbewaffnung ging.

WN: Ich gehe nun ein Stück weiter. In den Reifejahren lernen wir generell zu kämpfen, uns zu behaupten, uns abzusetzen. Kanntest du solche Prozesse des sich Behauptens und wie sahen die aus?

OL: Ja, natürlich, es ging darum, den eigenen Weg im Leben zu finden. Ich war von 1946 bis 1949 in Metten in einem Benediktinerkloster mit Gymnasium. Die Verhältnisse in München waren nach dem Krieg sehr schlecht. Meine Eltern dachten, dem Einzelkind tue es vielleicht auch mal gut, in einer Gemeinschaft zu leben. So war ich froh, dort ohne den Erwartungsdruck der Eltern zu sein. Ich durchlebte eine unbeschwerte Zeit. Man wuchs hinein in das Werden der Demokratie. Das fand damals in der amerikanischen Besatzungszone statt und so empfand man natürlich auch das Amerikanische als Leitbild. Manches gefiel, aber alles wollte man doch nicht übernehmen, etwa das dortige System der Wahlen und der Rechtsprechung. Aber relativ bald hatte sich unsere eigene Form der Demokratie in Deutschland durchgesetzt. Zunächst musste ich aber schauen, dass ich das Abitur schaffte. In Metten war das eher einfach und für mich mit keinen besonderen Anstrengungen verbunden, weil ich ein relativ guter Schüler war.

WN: Ein Selbstbehauptungskampf als Jugendlicher ist dir erspart geblieben?

OL: Ja, das ist mir im Wesentlichen erspart geblieben.

WN: Mich würde generell interessieren: Wie betrachtest du die Notwendigkeit und Lernaufgabe des Abnabelns, des Kämpfens auf unserem Lebensweg?

OL: Wenn ich in Familien hineinschaue, ist das sicher häufig ein kämpferischer Prozess, dass jeder seinen eigenen Weg findet, seinen Beruf. Wir waren damals eigentlich schon froh, dass man überhaupt etwas werden konnte. Es war nicht selbstverständlich, dass in München die Uni wieder zugänglich war. Als wir 1949 das Studium begannen, waren wir die Ersten, die das ohne besondere, vorher übliche Auflagen, etwa einem Arbeitseinsatz, tun konnten. Ich hatte auch keine klare Vorstellung von meiner Zukunft. Und so habe ich zwei Jahre studiert. Ich staune heute noch, wie sehr meine Eltern damit einverstanden waren, dass ich zur Uni ging und alle möglichen Fächer

belegte. Ich konnte immerhin Romano Guardini hören, die Philosophen Alois Dempf und Aloys Wenzl
und den Psychologen Philipp Lersch. Ich habe auch
in andere Fächer hineingeschmeckt, unter anderem
in Geschichts-, Theater- und Kunstwissenschaft und
in Germanistik. Ich hatte also die große Freiheit, mir
Verschiedenstes anzuschauen. Erst als diese zwei Jahre vorbei waren, dachte ich: Das ist schon ein ziemli-
cher Blödsinn, was du da gemacht hast. Jetzt hast du
so vieles gelesen und gehört, aber nichts tiefer und
nichts ganz. Aber es war für mich eine gute Zeit. Ich
leitete damals übrigens auch eine Gruppe der Mari-
anischen Kongregation bei den Jesuiten, weil ich in
Metten schon in solch einer Gemeinschaft tätig gewesen war.

WN: Nun wäre auch interessant zu überlegen, ob diese gewisse Leichtigkeit der Lebensspur eine Persönlichkeit im weiteren Leben prägt, zum Beispiel in der
Eleganz, wie man mit Konflikten umgeht, oder dass
man auf Harmonie setzt und so weiter.

OL: Ich sehe das jedoch nicht nur als Vorteil, sondern auch als Nachteil, sich nicht durchsetzen zu
können. Aber sicher bleibt richtig, dass man damals
nach den furchtbaren Konflikten im Krieg eine fried-
liche Zukunft anstrebte. Ich bin meinen Eltern sehr
dankbar. Sie haben mir viel Freiheit gelassen. Ich hatte zwar bestimmte Interessensgebiete, aber war noch
nicht ganz entschieden. Ich habe dann noch ein Jahr

in Innsbruck studiert, gerade, um die Vielfalt hier in München zu überwinden. Ich lebte im internationalen Seminar (Canisianum) und besuchte die Theologische Fakultät, beide von den Jesuiten geleitet, dort habe ich auch mein Lizentiat in Philosophie gemacht. Vor allem wollte ich zu einer Entscheidung kommen, was für mich die eigentliche Berufung ist.

WN: Vielleicht liegt uns heute näher, über Konflikte und Kämpfe im Leben nachzudenken. Dabei unterschätzen wir die enorme Bedeutung des nicht Fraglichen, des nicht Befremdlichen in der Kindheit und der Jugend. Worin siehst du ein sicheres Lebensfundament für deinen weiteren Lebensgang, das in Kindheit und Jugend gelegt wurde?

OL: Ein sicheres Fundament war die Religion, die kirchliche Einbindung, obwohl ich kein Ministrant war. Das ist eine ungeheuer wichtige Erfahrung nach 1945 gewesen: Ein ganzes System ist zerbrochen, alles, was es versprochen hatte, hat sich als nichtig erwiesen. Was blieb, war die Kirche, war der Glaube.

WN: Hier auch eine erste explizite Frage nach der Rolle von Religion und Spiritualität: Welche Formen religiösen Lebens prägten deine Kindheit und wirkten darüber hinaus?

OL: Da war die Selbstverständlichkeit, dass man sonntags in die Kirche ging, auch wenn man nicht unbedingt in eine Gemeinde eingebunden war. In der Pfarrei Heilig Blut empfing ich die Erstkommunion bei dem sehr eifrigen Pfarrer Max Blumschein. Dort gab es eine Gruppe, die sich einmal in der Woche nach der Frühmesse zu einem Frühstück traf. Hier entstand das Gefühl: Ich gehöre dazu, das gibt mir Richtung. Der Sohn der Familie, die diese Gruppe betreute, war zwei Jahre älter als ich und wurde 1941 wegen der bereits erwähnten Kreuzaffäre aus der Schule entlassen. Ich kann mich erinnern, wie er nach der Messe fröhlich sagte: »Jetzt geht nur in die Schule. Ich brauche nicht dahin.« Er durfte aber bald wieder den Unterricht besuchen. Doch das hat mir eine Orientierung gegeben, die auch im späteren Leben geblieben ist. Es baute sich in mir die Gewissheit auf: Mein Leben hat einen Sinn und ein Ziel. Das bedeutete ebenfalls, sich für das Gute einzusetzen, vielleicht Theologie zu studieren. Ich konnte mir jedoch auch vieles andere vorstellen, etwa Journalist zu werden. Es gab verschieden Optionen im Herzen.

WN: Das sind jetzt die Erbschaften aus jener Zeit, die weiterwirken. Gibt es auch anderes, religiöse »Kleider« zum Beispiel, die mit den Jahren zu eng wurden und die dann abgelegt werden mussten?

OL: Religion war in der Nazi- und Nachkriegszeit zunächst einmal eine sehr freiwillige Sache. Wenn man dazugehörte, hat man das gern bejaht. Erst in der Konzilszeit wuchs das Bewusstsein, was alles an überflüssigen und altmodischen Kleidern zu tragen war, die man nun gerne abgelegt hätte und hat und die Zweifel im Inneren hervorriefen. Aber ich kann mich nicht daran erinnern, dass mich größere Gewissenskonflikte geplagt hätten. Ich kann mich dagegen daran erinnern, dass unsere Familie, die gut katholisch war, von der Mutter her eine liberale Haltung lebte: Man nahm nicht alles so ernst. Ich war im Alter von acht Jahren mit Erstbeichte und Erstkommunion konfrontiert. Manche meiner Freunde hatten Angst vor der Beichte. Mir hatte die Mutter alle Angst genommen mit ihrer Geschichte, dass sie als großes Mädchen gerne französische Romane gelesen hatte. Sie wurde darauf aufmerksam gemacht, dass viele dieser Autoren auf dem Index, dem kirchlichen Verzeichnis verbotener Schriften, standen. So ist sie samstags zur Beichte gegangen, wie das so üblich war, und hat erzählt, was sie alles gelesen hatte. Dann fragte der Beichtvater: »Versprechen Sie, dass Sie das nicht mehr lesen?« Meine Mutter hat erstaunlicherweise geantwortet: »Nein, das kann ich nicht versprechen.« Sie wollte einfach weiterhin gute Literatur lesen. Mein Mutter erzählte dann weiter, sie sei am nächsten Samstag zu einem anderen Beichtvater gegangen und habe diesem alles erzählt. Der sagte zu ihr: »Das ist schön, dass Sie so ehrlich sind.« Und hat ihr selbstverständlich die Absolution erteilt. Das war für mich ein Trost: Kirche ist also keine Zwangseinrichtung. Man kann ja zu einem anderen Pfarrer gehen ...

WN: Da scheint mir eine Spur verfolgbar zu sein: Du kannst im Zweifelsfall mit einem Lächeln sagen: Man muss nicht alles so ernst nehmen.

OL: Ja, das kann man so sagen.

3

Eine Lebensspur finden

Berufung und Entschiedenheit

WN: Ich glaube, dass an jeden Menschen immer wieder in seinem Leben entscheidende Anrufe gerichtet werden. Ob er sie hören kann oder will, wie er sie dann umsetzt, das ist die große Frage. Im Blick auf die ersten Lebensjahrzehnte: Welche Berufungssituationen siehst du, unabhängig von deiner Person? Welche Berufungssituationen also ganz generell, in denen wohl jeder und jede steht?

OL: Das ist bei jedem verschieden. Für jedes Kind, für jeden Jugendlichen ist sicher einmal der künftige Beruf solch eine Frage. Manche Kinder wissen schon sehr früh: Ich werde beispielsweise Mediziner. Manche brauchen ein Leben lang, bis sie genau wissen, was ihr wahres Ziel ist. Als Kind war ich offen für alles. Da hat man alle möglichen Traumberufe: Trambahnführer und so weiter. Ich habe einmal Ende der Dreißigerjahre einen Film über Schiller gesehen. Er zeigte die Uraufführung der »Räuber« im Theater und den großen Beifall, den das Stück auslöste. Das hat mich begeistert. Ich wollte also Dichter werden.

Ich war jedoch schon als Kind Realist, wohl durch den Vater und seine Vorstellungen, dass man etwas verdienen muss. Ich zweifelte also bald daran, ob ich vom Dichten leben könnte. Da habe ich mir ausgedacht (neben vielen anderen Berufswünschen): Du könntest eigentlich Schrankenwärter bei der Reichsbahn werden in einer abgelegenen Gegend. Die hatten alle ein Häuschen und einen Garten. Das habe ich mir schön vorgestellt. Ich könnte in einem kleinen Garten sitzen, und wenn ein Zug kommt, dann lasse ich die Schranke herunter und nachher habe ich wieder frei. Die Frau kümmert sich um den Haushalt, aber ich selbst kann dichten und habe doch ein sicheres Einkommen. Das war mein Berufswunsch als Acht- oder Neunjähriger.

WN: Inwieweit haben sich solche Grundmotive deiner Kindheit doch in dem, was du dann später als Abt tun musstest, durchgehalten? Schranken herunterlassen zum Beispiel? Oder was ist aus dem Dichterimpuls geworden im Blick auf deine Publikationen?

OL: Das haben mir später auch manche gesagt in Bezug auf jenen Berufswunsch. Also das Wärterhäuschen, das ist das Kloster, in dem für die Ernährung und vieles andere mehr gesorgt ist. Andererseits kann ich mich da geistig betätigen, etwas schreiben oder predigen.

WN: Jetzt möchte ich doch gerne wissen, welche Entscheidungssituationen, an die du dich erinnern kannst, dich in der Folge ganz besonders gefordert haben.

OL: Eine »Entscheidung« war, dass ich mit dem Abitur, mit achtzehn Jahren, noch keine Entscheidung getroffen hatte. Meine Eltern haben es mir ermöglicht, dass ich in München frei herumstudieren konnte. Allerdings hatte ich den Priesterberuf, den Theologen, schon im Visier. Aber es gab noch keine endgültige Entscheidung. Ich lebte also so etwas wie ein Ausweichen vor der endgültigen Entscheidung. Sonst hätte ich nach Freising ins Priesterseminar gehen müssen. Aber das hat mir nicht so zugesagt. Die eigentliche Entscheidung meines Lebens war, dass ich ins Kloster gegangen bin. Vorher hatte ich natürlich auch die Möglichkeit, Weltpriester zu werden oder mich geistlich anderweitig zu betätigen. Doch wurde ich mir allmählich gewiss, ich muss eine Entscheidung treffen. Ein weiterer Grund, dass ich ein Jahr nach Innsbruck gegangen bin: P. Benedikt Busch in Metten war ebenfalls in Innsbruck gewesen und hatte sehr von dieser Zeit geschwärmt. So schien es mir gut, bei den Jesuiten noch etwas zu erfahren und zu lernen. In der Mitte des Studienjahres gab es Exerzitien. In diesen Tagen wollte ich mir meine Zukunft überlegen. Ich habe mit dem Beichtvater darüber gesprochen. Der hat mir geraten: Schreib dir die verschiedenen Möglichkeiten auf einen Zettel. Das habe ich getan. Ich kann mich noch daran erinnern, auch aufgeschrieben zu haben, Jesuit zu werden, wäre eine Möglichkeit. Ich bekäme eine gute Ausbildung und hätte eine vielseitige Tätigkeit – wie auch bei den Benediktinern. Der Weltpriester war da schon etwas an die Seite gerückt. Ich kann mich erinnern, dass ich meinem Beichtvater alles dargelegt habe, dieses Kloster also oder jenes und vielleicht auch Jesuit. Er meinte zu dem »oder auch Jesuit«: »Ja, jetzt meine ich, dass Sie wirklich Gott führt.« Das hat mich eher abgeschreckt, weil ich das Gefühl hatte: Der will mich für seinen Verein ködern.

WN: Waren diese Entscheidungszeiten immer nur schöne Zeiten oder kamen dir auch Ängste oder Zweifel?

OL: Ich wusste, irgendwann musst du die eine Entscheidung treffen. Deswegen hatte ich in diesem Jahr in Innsbruck auch Angst. Als dann aber die Entscheidung getroffen war, habe ich mich sehr befreit gefühlt.

WN: Und Zweifel an der Entscheidung damals gab es nicht?

OL: Hatte ich eigentlich kaum. Die Entscheidung, Benediktiner zu werden, bedeutete freilich zugleich die Entscheidung, ein bestimmtes Kloster zu wählen. Da wäre auch Metten infrage gekommen. Aber vielleicht hätte ich das als zu einengend empfunden. Ich habe genau gewusst, was dort auf mich zukommt: sicher Altphilologie studieren und dann Lehrer am Gymnasium werden. Das schien mir zu eintönig. Ich hatte durch einen Mettener Mitschüler von St. Bonifaz gehört und in den Münchner Studienjahren dort in der Bibliothek gearbeitet und so das Kloster kennengelernt. Dort lockten die vielen Möglichkeiten in der Stadt und in der Seelsorge.

WN: Ganz generell gefragt: Wenn du auf solche Entscheidungssituationen im Leben blickst, wie hoch schätzt du Mut und Bereitschaft zum Wagnis ein, wenn ein Leben angenommen werden soll?

OL: Ein gewisses Wagnis ist immer dabei, man weiß eben nicht, wie es ausgeht. Andererseits schien natürlich ein Kloster ein stabiler, gesunder Raum, in dem man sich weiterentwickeln kann. Es war eigentlich noch vieles offen, wie meine Zukunft aussehen könnte. Ich hätte als Kaplan oder Pfarrer oder geistlicher Begleiter wirken können. Aber trotzdem war eine Entscheidung verlangt, eine Bindung. Es gab gewiss auch dann noch Zeiten, in denen ich überlegte: Ist das jetzt das richtige Kloster? Allerdings hat mich das Wort eines alten Mettener Benediktiners sehr bewegt: »Wenn Sie meinen, Sie halten es gar nicht mehr aus in dem Kloster, wenn Sie meinen, Sie müssten jetzt sofort weggehen, dann sagen Sie sich: Gut, ich gehe weg – aber vierzehn Tage bleibe ich noch.« Das finde ich einen sehr guten Rat, dass man nicht sofort einen Beruf aufgibt, sondern sich noch etwas Zeit lässt. Denn in vierzehn Tagen, in ein paar Monaten schaut die Sache schon wieder ganz anders aus.

WN: Trotzdem gab es auch Zeiten, in denen du Entscheidungen zurücknehmen wolltest?

OL: In den drei Jahren bis zur ewigen Profess, der endgültigen Entscheidung, hatte ich manchmal Bedenken: Sollte ich in ein anderes Kloster wechseln?

WN: Du hast schließlich Philosophie und auch Theologie studiert und wähltest die Lebensschule des Klosters. Welche deiner Persönlichkeitsmerkmale fanden in Studium und Kloster ihre besondere Formung und Weiterentwicklung?

OL: Ich denke, dass ich eine Bindung eingegangen bin, mich also entschieden habe, das war ein Vorteil. Ich bin doch ziemlich geradlinig auf ein Ziel zugegangen. Ich hatte mich in Innsbruck für einen eindeutigen Weg entschieden.

WN: Aber es muss doch bereits etwas dagewesen sein in deiner Persönlichkeit, in deiner Art, wie du auf das Leben blickst? Wie hat sich das im Kloster gezeigt und weiterentwickelt?

OL: Ich denke, in der Wahl des Klosters St. Bonifaz lag auch eine gewisse Offenheit, die mir vorher schon viel bedeutet hatte. Im Vertrauen auf den Abt, dem ich Gehorsam leistete, konnte ich sicher sein, den rechten Weg unter mehreren Möglichkeiten gewiesen zu bekommen. Abt Hugo hat mich zum Weiterstudium nach Würzburg geschickt, weil ein befreundeter Philosoph dort den Lehrstuhl erhielt. Das war für mich eine sehr glückliche Fügung, weil manches mir in München nicht so gefallen hat und Würzburg eine schöne Studienstadt war. Das Theologiestudium dort entsprach mir. Das Weiterstudium in Philosophie und eine Dissertation über Augustinus befriedigten mich sehr.

WN: Täuscht eigentlich der Eindruck: Berufung ist ein langer Prozess, ein lebenslanger Prozess, vielleicht mit einem entscheidenden Beginn, aber mit lebenslanger Entfaltung – wie siehst du das?

OL: Wir stehen immer wieder vor neuen Wegen. Ich hatte in Würzburg studiert, war 1956 vom damaligen Würzburger Bischof Julius Döpfner zum Diakon geweiht worden und wirkte anschließend als Kaplan in St. Bonifaz. Dann ein weiterer Schritt, der sehr bedeutsam war: Abt Hugo meinte, ich könnte nach Fertigstellung der Dissertation nach Salzburg gehen. Es gab dort eine alte Benediktineruniversität und P. Viktor Warnach, ein Mönch aus Maria Laach, hatte einen Lehrstuhl für Philosophie. Ich sollte sein Assistent sein. Das hat mir recht gut gefallen. Von 1962 bis 1964 war ich in Salzburg und wirkte hier als Spiritual für die benediktinischen Studenten. Das ergab für mich die Perspektive: Ich bleibe in Salzburg und werde dort Professor. Aber es folgte die nächste Entscheidung: Der Konvent wählte mich 1964 zum Nachfolger von Abt Hugo Lang.

WN: Man denkt oft, Berufung wäre etwas Spezifisches in den jüngeren Jahre, den ersten Jahrzehnten. Gibt es auch eine Berufung des älteren, des alten Mönches?

OL: Selbstverständlich ist jede Berufung ein Weg, der weiterführt und immer neue Erfahrungen bringt. Auch geistliche Erfahrungen führten mich zu neuen Wegen. Die Meditationsangebote verschiedener Art, etwa der Jesuiten oder in München von Klemens Tilmann, waren mir ein wichtiger Anstoß. Dann kam ich in Berührung mit der charismatischen Bewegung, mit Pfingstkirchen und ihrer katholischen Ausprägung, wo ich Bewegtheit im Heiligen Geist erlebte. Es taten sich persönlich und pastoral neue Wege auf. Natürlich stellte sich die Frage, wie das alles zum bisherigen Weg, etwa dem benediktinischen, passte. Auch ich musste suchen, was mit dem bisherigen Weg vereinbar war. Aber selbstverständlich brechen auch radikal neue Wege auf.

WN: Und heute? Würdest du sagen: Auch heute habe ich eine bestimmt Berufung?

OL: Im vorigen Jahr hatte ich aufgrund schwerer Erkrankungen den Eindruck, ich müsste mich jetzt intensiv aufs Sterben vorbereiten. Das ist nun wieder etwas zurückgetreten. Es gibt immer wieder Begegnungen, zum Beispiel mit dir, die einen zu neuen Aufgaben rufen.

WN: Ich würde jetzt gerne dieses Nachdenken über Berufung noch etwas ausweiten. Es geht immer um Finden und Ausformen einer Lebensspur. Kannst du ein für andere hilfreiches allgemeines »Gesetz« erkennen, das sich bei dir über die Jahre herauskristallisierte und uns ermutigen mag?

OL: Ich denke, wenn man guten Gewissens eine Entscheidung trifft, darf man darauf vertrauen, dass Gott den Weg auch weiterführt. Dass man es auch nicht zu bereuen braucht, wenn sich herausstellt, dass es auf diesem Weg nicht weitergeht. Das ist sicher bei jedem Menschen unterschiedlich. Mancher ändert, jedoch nicht aus Leichtfertigkeit, seinen Weg, seine Ausrichtung ganz, entdeckt etwas Neues und folgt diesem Neuen. Das ist sicher eine Möglichkeit. Wir erleben immer wieder, dass jemand das Kloster, den Ordensberuf, überhaupt seinen Beruf verlässt, um etwas Notwendiges und Wichtiges zu tun. Er spürt: Ich könnte, müsste eigentlich noch etwas anderes aus meinem Leben machen. Das kann ein Berufswechsel oder auch ein Ordenswechsel sein. Das ist immer möglich. Da gibt es keine allgemeinen Regeln, was das Richtige ist. Das muss jeder selbst finden. Aber wenn er eine Entscheidung trifft, muss er spüren, merken: Ich bin da mit mir im Einklang. Ich mache das nicht aus einem äußeren Grund, weil ich mehr verdiene oder bessere Bedingungen habe. Sondern: Das ist wirklich etwas, was ich heute noch machen kann, ja, machen muss. Und solch ein Wechsel geschieht heute im Zuge wachsender Mobilität im Beruf und in der Gesellschaft immer häufiger.

WN: Und das sei dann mit Zutrauen und ohne Angst gewagt!

OL: Für innere Sicherheit tut in solchen Zeiten die Beratung von jemand anderem gut, der manches objektiver sehen kann als man selbst.

4

Bleibendes wagen

....

Ein Leben im Orden und im Kloster

WN: Im Jahr 1952 bist du in die Abtei St. Bonifaz in München eingetreten. Du hast hier als Benediktiner dein Leben gelebt, hast viele Ämter im Orden ausgefüllt, viel angestoßen und manches und manchen kommen und gehen sehen. Würdest du heute, nach all diesen Erfahrungen, noch einmal den Benediktinerweg gehen?

OL: Ja, ganz sicher. Ich habe es nie bereut. Ich habe vielleicht ab und an Zweifel gehabt in den ersten Jahren, als mir manches im Kloster nicht so gefallen hat. Ich überlegte dann: Solltest du nicht doch nach einer Alternative suchen und in ein anderes Kloster gehen, zum Beispiel nach Metten, das ich von der Schule her kannte, oder nach St. Ottilien, das eine weltweite Aufgabe hat. Aber ich bin gerne geblieben und habe es nie bereut, Benediktiner geworden zu sein. Die Orden zeigen durchaus verschiedene Wege auf: die ganz radikale Armut der Franziskaner oder die Stille der Einsiedlermönche oder den ganz großen Welteinsatz der Jesuiten. Das Benediktinische liegt in der Mitte, nicht so radikal, aber in seiner Schlichtheit und im Halten des rechten Maßes trotzdem auch ein Korrektiv zu unserer Welt. Gegenüber dem, was unserer Welt zunächst einmal als anziehend und bewegend erscheint – die größeren Erfolge, der größere Besitz, der äußere Genuss –, ist unser Leben einfach ein Weg zu Gott und mit Gott. Das ist sicher der Sinn eines Lebens im Kloster, aber eigentlich auch der Sinn eines jeden Lebens.

Der Benediktinerorden ist noch durch ein besonderes Gelübde gekennzeichnet, nämlich das der Stabilität, des Bleibens. Deswegen sind Menschen, die gerne in Bewegung sind und sich wünschen, dass viel los ist und sich viel rührt, nicht so sehr für ihn geeignet. Die Stabilität hat ihren großen Wert: Gerade in einer Zeit ungeheurer Mobilität ist es wichtig, dass es auch etwas Bleibendes gibt. Es ist beeindruckend: Die Benediktsregel ist 1500 Jahre alt. In unseren mitteleuropäischen Gegenden gilt sie zwölfhundert Jahre, in Bayern natürlich unterbrochen durch die Säkularisation zu Beginn des 19. Jahrhunderts. Wir können auf eine lange Geschichte zurückblicken. Das schenkt große Gelassenheit. Als ich 1962 für zwei Jahre in Salzburg lebte, habe ich diese Gelassenheit noch mehr an den Österreichern bewundert. Sie waren auch nicht einer so umfassenden Säkularisation unterworfen. Wenn etwas im Kloster nicht klappte, konnten sie sagen: Im 16. Jahrhundert waren wir nur noch zwei Leute, aber wir leben immer noch. Mich beeindruckt diese Ausrichtung auf ein einziges großes Ziel: die Erfahrung, dass das Leben eine Einheit ist. Darum ist für die Benediktsregel die Ordnung des Lebens, die Einteilung der Zeiten für Gebet, für Arbeit, für Studien, für Fasten und Erholung, die Suche nach dem rechten Maß so wichtig. Benedikt will nichts Außerordentliches. Und er geht immer auf die Verschiedenheit der Menschen ein. Die Eifrigen sollen bestärkt werden und sich nicht unterfordert fühlen. Die Schwachen sollen nicht überanstrengt werden. Die Rücksicht auf die Schwachen ist ein Kennzeichen der Benediktsregel.

WN: Einmal durchgespielt: Du stündest heute, 2017, vor der Entscheidung, ins Kloster zu gehen. Gerade hast du gesagt: Ich würde es wieder tun. Die Gründe, die dich heute bewegen würden, ins Kloster zu gehen, wären die andere als einst?

OL: Heute weiß ich natürlich besser, wie das Klosterleben konkret aussieht, aber die Gründe für das Benediktinische und für St. Bonifaz wären immer noch dieselben. Es bringt natürlich auch Vor- und Nachteile mit sich, dass wir kein zentral geleiteter Gesamtorden sind. »Orden« sind wir Benediktiner eigentlich erst seit dem späten 19. Jahrhundert. Vorher gab es zwar einzelne Klöster, die sich zu Verbänden zusammengeschlossen hatten, aber ein Gesamtorden mit dem Abtprimas an der Spitze existiert erst seit der Gründung von Sant' Anselmo (1888) in Rom. Jedes

Kloster, jede Gemeinschaft ist eine Einheit für sich und kann auch weitgehend seinen beziehungsweise ihren Weg selbst bestimmen. Darum sind auch die Klöster ganz verschieden. Wenn der Äbtekongress alle vier Jahre in der gemeinsamen Hochschule Sant' Anselmo in Rom zusammentritt, dann trifft man auf die Vertreter großer amerikanischer Klöster mit vielen Schulen und Pfarreien, auf Vertreter von Klöstern, die ganz streng in der Einsamkeit als Gemeinschaft leben, und auf die verschiedensten Varianten. Die bayerischen Benediktiner waren immer auf Seelsorge ausgerichtet und vor allem auch auf die Schulen. Das war mit ein Grund, dass König Ludwig I. nach der Säkularisation die Benediktinerklöster sehr rasch wieder errichtet hat, weil er ihnen vor allem das höhere Schulwesen anvertraut hat.

WN: Als du einst ins Kloster eintratst, erhieltest du – bisher Hans-Helmut – einen neuen Namen. Konntest du diesen Namen gleich akzeptieren?

OL: Ja, einigermaßen. Bei uns bekommt man den neuen Namens erst nach einem Jahr verliehen, also nach dem Noviziat. Ich konnte mich also schon darauf einrichten. Damals lag es noch ganz in der Entscheidung des Abtes, welchen Namen der Mönch bekommt. Das war immer ein Rätselraten: Was werde ich für einen Namen erhalten? Heute wird das mit dem betroffenen Novizen besprochen, was er selbst für einen Namen möchte. Das muss natürlich einer sein, der in der Klostergemeinschaft noch nicht vorkommt, damit nicht zwei mit diesem Namen gerufen werden. Für mich war es dann eine gewisse Überraschung. Aber ich konnte mich gut damit anfreunden. Es ist ja der Name eines der bedeutenden Äbte von Cluny, dem Kloster des großen benediktinischen Aufschwungs im frühen Mittelalter. Vielleicht leitete Abt Hugo auch ein wenig der Gedanke, an Odilo Rottmanner zu erinnern, der um die vorletzte Jahrhundertwende ein gelehrter Bibliothekar war und in der theologischen Debatte viel beachtet wurde.

WN: So ein neuer Name greift in die Identität eines Mannes ein. Das soll er auch. Hat der Abt vielleicht etwas gesehen? Welche Seiten und Begabungen deiner Persönlichkeit konnten sich in und mit diesem neuen Namen klären, vielleicht auch ganz neu zuspitzen?

OL: Mit diesem Namen war wohl etwas von meiner wissenschaftlichen Tätigkeit vorgespürt. Und dass die sich dann klärte, das verdanke ich natürlich auch Abt Hugo Lang. Er hat mich, wie ich schon erzählte, nach anderthalb Jahren in München nach Würzburg geschickt, weil ein ihm und mir vertrauter Professor dort einen Lehrstuhl bekommen hatte. Das war die Entscheidung des Abtes, und der verdanke ich die schönen Jahre in Würzburg.

WN: Die Frage, ob sich eine Persönlichkeit im Kloster entfalten kann, interessiert mich weiter. Oft denkt man landläufig bei Kloster an Verzicht, an Aufgabe liebgewordener Ideen und an Befehl und Gehorsam. Du dagegen wirkst über die Jahre als ein vielfältig gebildeter, freier Geist. Welche Chancen bietet ein Leben als Benediktiner gerade für die persönliche Entwicklung und für geistige Abenteuer?

OL: Die Basis im Kloster ist dadurch gegeben, dass man sich auf etwas konzentrieren kann, also auf eine Aufgabe, und dass die Aufgabe auch den Menschen prägt. Das läuft aber auch durchaus unterschiedlich. Ich kann mich erinnern: Als ich als neuer Abt an der Äbteversammlung der Salzburger Konföderation teilnahm, meinte einer der anderen: »Denken Sie doch daran, was aus uns geworden wäre, wenn wir nicht Abt geworden wären!« Einerseits erfährt der Abt eine größere Entfaltungsmöglichkeit, auch eine größere Freiheit in der Entscheidung, er kann an den Aufgaben wachsen. Es ist andererseits aber so, dass er immer wieder an seinen Konvent gebunden ist. In vielen Dingen muss die Gemeinschaft zustimmen. Manches, was der Abt vielleicht vorhat, lässt sich nicht verwirklichen, weil die anderen nicht mitziehen. Aber immerhin: Er gibt die Wegweisung. Im Großen und Ganzen, denke ich, bekommt jeder die Aufgaben, die für ihn passend und richtig sind und die ihn dann auch sehr stark prägen. Bei uns in St. Bonifaz ist neben der Wissenschaft vor allem die Seelsorge zu Hause. Viele Mönche sind ganz in der Seelsorge aufgegangen. Es warten immer wieder verschiedene Aufgaben.

Manchmal ist es auch recht angenehm, wenn man seinen Lebensweg nicht allein bestimmen muss, weil es noch andere Möglichkeiten gibt als die, die einem zunächst einmal vorschweben. Wenn also einer sich seiner Aufgabe widmet und auch ganz im klösterlichen Leben zu Hause ist, dann kann das durchaus eine breite Persönlichkeitsentfaltung mit sich bringen.

WN: Denn die Bandbreite der Aufgaben in einem Kloster ist überraschend groß.

OL: Natürlich gibt es die verschiedensten Aufgaben, die erst einmal nicht so großartig wirken, aber doch sehr wichtig sind, zum Beispiel die des Pförtners, der den Kontakt zur Außenwelt hält und der immer wieder entscheiden muss, wer aufgenommen wird, wem man mehr Zeit gibt und so weiter. Aber ob nun einer für den Garten oder für die Gäste verantwortlich ist: Immer ist es eine Aufgabe, die durchaus interessant ist und befriedigen kann.

WN: Die Gegenseite: Wurden dir bei deiner Entwicklung, bei deinem Weg im Kloster über die Jahre hinweg auch einmal Grenzen aufgezeigt? Und musstest du Widerstände und Einschränkungen akzeptieren?

OL: In den ersten Jahren des Studiums lag das, was der Abt geraten oder empfohlen hatte, durchaus auch in meiner Intention. Er hat mir auch die Möglichkeit eröffnet, mehr in der Wissenschaft zu bleiben. Nach den ersten Kaplansjahren und nachdem ich das Doktorat beendet hatte, war ich, wie erwähnt, zwei Jahre in Salzburg als Assistent beim Benediktinerprofessor Viktor Warnach aus Maria Laach, dann auch als Spiritual im Kolleg für die Benediktiner, die dort studierten. Eine interessante Aufgabe. Zunächst hatte ich davon geträumt, wie ich mich in dieser Aufgabe entfalten könnte. Dann kam aber nach der schweren Erkrankung von Abt Hugo 1964 meine Wahl zum neuen Abt. Und das war zunächst überraschend, denn ich war unter den Kandidaten der Jüngste. Natürlich war ich stolz, das Vertrauen der Mitbrüder zu haben. Als Junger ist man noch unbefangener. Ich habe das Amt gerne übernommen und damit auf den anderen Weg der Wissenschaft verzichtet. Oder: Als Spiritual in Salzburg war es schön, jungen Mitbrüdern das Ideal benediktinischen Lebens vor Augen zu stellen. Ich merkte aber in den Gesprächen, dass in den einzelnen Klöstern vieles nicht diesem Ideal entsprach. Da spürte ich durchaus die Verlockung, irgendwo das Ideal umzusetzen. Es ist so im Leben, dass man oft nur das eine oder das andere tun kann.

WN: Und solche Kompromisse sind auf jedem Lebensweg nötig. Dennoch denke ich mir, im Kloster wird immer wieder eine ganz spezifische Anpassungsleistung gefordert. Im Leben »draußen« sucht man sich in der Regel die Leute, mit denen man zusammenleben möchte, selbst aus. Welche Herausforderung stellt eigentlich die Tatsache dar, dass man als Mönch, als Abt sehr nah mit Brüdern zusammenlebt, die man sich eben nicht selbst ausgewählt hat?

OL: Nicht nur im Kloster muss jeder Mensch mit anderen zusammenleben, die er sich nicht selbst ausgesucht hat, vor allem bei der Arbeit. Hier wie dort spürt man immer wieder Grenzen. So kann es einmal vorkommen, dass zwei Mönche, die sich gar nicht vertragen, nach der Haussitzordnung ein Leben lang nebeneinander sitzen. Das kann schwierig sein, aber auch eine Herausforderung. Im Allgemeinen wurden mir als Abt meine Pläne weniger vom Konvent aus gestört. Ich kann mich jedenfalls nicht erinnern, dass irgendein Vorschlag, den ich gemacht habe, vom Konvent gleich abgelehnt worden wäre, außer irgendwelche Kleinigkeiten. Aber man spürt in der Aufgabe als Abt doch immer wieder Grenzen, die einem gesetzt sind. Ein Beispiel: Als nach dem ersten Aufbau des in den Mauern noch stehenden Südteils der Basilika durch Prof. Döllgast (1950) das Ruinengelände des Nordteils noch zu gestalten war, fanden in den 60er-Jahren viele Besprechungen und Sitzungen statt. Schließlich konnte ein Projekt vorgestellt und eifrig dafür gesammelt werden. Plötzlich erteilte die kirchliche Behörde einen negativen Bescheid. Das empfand ich als eine absolute Niederlage. Aber man sieht später oft, dass ein Misslingen zum Segen wird, dass die andere Gestaltung viel besser war als die zuerst bedachte.

WN: Naiv gefragt: Entstehen denn im Kloster Wut, Frust, Streit und Konflikte?

OL: Das alles gibt es unter Menschen überall. Es stoßen verschiedene Richtungen der klösterlichen Lebensweise aufeinander. Interessant wird das bei Personalentscheidungen, zum Beispiel, wen der Abt als Prior oder Cellerar einsetzt. Andere Ämter werden vom Konvent bestimmt, zum Beispiel, wer mit dem Abt zusammen beim Generalkapitel, dem Gremium der Kongregation, das Kloster vertritt. Da kommt es schon vor, dass ich realisierte: Die Mitbrüder haben jetzt einen ganz anderen gewählt, als ich mir das vorgestellt habe.

WN: Und wenn es Streit und Konflikt gab während der Zeit deines Leitungsamtes, wie bis du damit umgegangen?

OL: Ich habe schon erzählt, dass ich nicht besonders streitfähig war. Ich habe mich leicht in andere Situationen als die von mir gewünschten eingefügt. Es ist zudem eine bedeutende Aufgabe des Abtes, zu versöhnen und zu schlichten, also möglichst alle zur Einheit zu führen.

WN: Möglichst! Muss man auch manchmal auf den Tisch hauen?

OL: Ja, sicher ist das manchmal notwendig. Aber das ist nicht meine Stärke.

WN: Wir sind jetzt bei den konkreten Lebensvollzügen. Da kann es nicht ausbleiben, dass ich nach Liebe und Sexualität frage. Die Liebe haut einen phasenweise durchaus aus der Bahn und bringt neben manchem Schönem auch manche Wirrsal. Das geht jedem so. Auch wenn das jetzt indiskret wirkt: Drückt man als Mönch die Sexualität einfach weg? Lernt man als Mönch, wie wichtig Sexualität ist, ohne sie in dieser Lebensform umzusetzen?

OL: Das ist auch für den Mönch eine große Lebensaufgabe. Nicht nur für den Verheirateten ist Sexualität etwas Wertvolles und Kostbares, dem Menschen mitgegeben. Sie prägt die Beziehungen der Menschen untereinander. Das verlangt durchaus Selbstbeherrschung. Auch für die Mönche gilt, Sexualität nicht einfach zu verdrängen, so als ob es sie nicht gäbe, sondern in rechter Weise damit umzugehen. Die Begegnung mit Frauen, mit einer schönen, liebenswerten Frau kann zu einer, wie man so sagt, Versuchung werden. Es muss nicht gleich zum Geschlechtsverkehr kommen, aber emotionale Nähe kann auch bedrohlich beunruhigen. Es geschieht eben, dass ein Mönch entdeckt, Sexualität kommt in ihm nicht zur Ruhe, und er lernt einen anderen Menschen wirklich kennen und lieben. Das führt zu einer Auseinandersetzung mit sich selbst, mit der Gemeinschaft und dem Abt. Dann scheint es manchmal unvermeidlich, dass einer das Kloster verlässt. Auch der Abt fühlt sich dann verwundet, weil er diesen Mönch nicht hat halten können.

WN: Die hohe Kunst der Freundschaft: Ist der Mönch begabt oder auch befähigt zu Freundschaften, ich meine nicht nur im Kloster oder im Orden, sondern zu Menschen, die »draußen« leben?

OL: Ja, sicher. Auch Mönche haben Freunde außerhalb des Klosters, die sie von Jugend an kennen oder während ihrer Tätigkeit im Kloster kennenlernen. Sie merken: Wir liegen auf derselben Linie, wir haben dieselben Vorlieben, wir können uns gut ergänzen und austauschen. Auch im Kloster ist es so, dass manche sich gut verstehen, dass sie befreundet sind und mit anderen wiederum mehr auf Distanz bleiben. Das kann auch immer wieder zu Konflikten führen. Eifersucht bricht auf oder das Gefühl wird spürbar, dass einer bevorzugt wird. Das ist auch für den Abt schwierig. Er kann in der Gemeinschaft nicht einen besonderen Freund haben, mit dem er sich beispielsweise besonders gerne und lange unterhält. Der Abt ist für alle da, und keiner darf bevorzugt werden.

WN: Je älter ich werde und je länger ich darüber nachdenke und so manche eigene Klostererfahrung würdige, die ich als Gast oder Besucher gemacht habe, desto klarer wird mir, dass Klosterleben auch für mich als Nichtmönch eine große Bedeutung haben könnte. Kannst du einige klösterliche Besonderheiten nennen, mit denen interessante Anfragen an jeden und jede draußen verbunden sind?

OL: Für Benedikt ist die Gastfreundschaft etwas ganz Wichtiges. Nach seiner Regel soll der Gast, woher er auch kommt, in Ehrfurcht aufgenommen werden. Die Schwächeren und die Ärmeren sollen dabei bevorzugt werden. Im Kapitel über den Pförtner heißt es: »Sobald jemand anklopft oder ein Armer ruft, antworte er ›Dank sei Gott‹ oder ›Segne mich‹.« In den letzten Jahrzehnten erleben wir, dass Menschen, die nicht im Kloster leben, ein steigendes Bedürfnis danach haben, hier für einige Zeit zu verweilen. »Kloster auf Zeit« heißt: Gäste leben einige Zeit mit. Sie erfahren: Das tut ungeheuer gut. Sie kommen dann in Distanz zu ihrem Beruf, auch zu ihrer Familie, und können sich auf sich selbst, aber auch auf ihren Weg zu Gott konzentrieren. Das ist eine ungeheure Hilfe in unserer Zeit, dass Menschen in der Unrast der Geschäfte ein paar Tage Zeit haben, um zu sich selbst zu finden und sich neu an Gott zu orientieren.

WN: Mir zum Beispiel sind die besonderen Rhythmen des klösterlichen Lebens immer wieder Provokation: Gebet, Arbeit, Lesung. Fiel dir über die Jahre die damit verbundene Konsequenz immer leicht?

OL: Auf jeden Fall fiel sie mir nicht besonders schwer. Diese besonderen Gebetszeiten erfahre ich als für mich wichtig und gut. So erinnert beispielsweise um die Mittagszeit das Läuten an das Gebet der Mittagshore. Natürlich hat man gerade irgendetwas Interessantes in der Hand und würde das gerne weiterlesen. Man möchte sagen: Diese blöde Glocke, die schon wieder wegruft. Aber ich weiß: Auch die anderen gehen jetzt zur Chorkapelle. Und beim Chorgebet kann man dann alles andere loslassen. Die Mitbrüder haben angefangen zu beten, ich werde mitgenommen und auf das große Ziel unseres Lebens, auf Gott hin ausgerichtet.

WN: Noch einmal zurück zu der Frage: Worin besteht das Geschenk dieses so besonders gestalteten, ja gleichsam vormodernen Lebens, und kann das Weltenkind etwas davon lernen?

OL: Wir brauchen sicher und gerade heute noch mehr als früher eine Ordnung unseres Lebens. Wir können so leicht mitgerissen werden von den vielen Aufgaben, Ablenkungen und Interessen für alles Mögliche. Das ruft nach Ordnung, Einteilung des Tages in Gebet, Arbeit, Lesung und auch nach Erholung. Das erfordert das rechte Maß, zu dem Benedikt eindringlich auffordert. Seit dem 19. Jahrhundert lebt der Mensch zunehmend im Fortschrittsdenken, in einer schier unbegrenzten Mobilität. Alles wird schneller, beweglicher. Zu vieles nimmt uns immer mehr in Beschlag. Das heißt: Jeder Mensch, ob Laie, Priester oder Mönch, hat die Aufgabe, sein Leben so zu ordnen, dass das, was für ihn wichtig ist, zum Tragen kommt und nicht untergeht. Und darum ist heute – wie gerade angesprochen – auch bei vielen Menschen so etwas wie »Kloster auf Zeit« beliebt: Ich komme zu mir selbst, ich habe Zeit für manches, was ich sonst vernachlässige. Und ich kann aus dem Kloster manches für das Leben im Alltag mitnehmen. Man kann sicher nicht zu Hause das ganze Chorgebet verrichten, aber vielleicht doch am Abend oder in der Frühe eine Viertelstunde für Stille und Gebet freihalten. Je mehr sich ein Mensch solch eine Ordnung gibt, desto glücklicher wird er sein. Wir werden nicht einfach fortgezogen von dem, was auf uns einstürzt.

WN: Mir fällt dazu der große Vorteil des klösterlichen Habits, eures Gewandes, ein. Das enthebt einen mancher Sorgen: welche Hose, welche Schuhe, welches Kleid, welche Bluse ... Das ist mir ein wichtiges Symbol: der Habit als Befreiung.

OL: Natürlich bringt er auch eine Verpflichtung mit sich. Ich darf mich im Habit nicht daneben benehmen. Doch man kann den Habit auch nicht immer tragen. Wer im Garten arbeitet, hat Arbeitskleidung an. Bei manchen Veranstaltungen ist es zudem günstiger, Zivil zu tragen, um nicht alle Blicke auf sich zu ziehen.

WN: Aber ehrlich gestanden: Manchmal würde ich mir wünschen, so eine »Habit bedingte« Unterbrechung zu erleben, um zu überlegen: Was kommt denn da für eine Gestalt?

OL: Sicher ist auch die Ordenskleidung etwas, was einen prägt und einem Halt gibt.

WN: Noch ein Aspekt aus deinem reichen, hier kaum auszubreitenden Erfahrungsschatz Kloster. Als Abt wähltest du 1964 dein Leitwort: »Mit weitem Herzen«. Was bewegte dich dazu? Welchen Haltungen und Hoffnungen gabst du damit Ausdruck?

OL: Im Prolog zur Regel schreibt Benedikt, dass vielleicht manches am Anfang eines Lebens im Kloster eng, hart und schwer scheint, dann fährt er jedoch fort: »Aber wer im klösterlichen Leben und im Glauben fortschreitet, dem wird das Herz weit und er läuft in unsagbarem Glück der Liebe den Weg der Gebote Gottes.« Es geht also um ein Ziel, auf das wir zugehen. Und mitgemeint ist: Das weite Herz ist uns von Gott geschenkt. Das ist auch für unseren Alltag wichtig: dass wir nicht eng sind und andere Menschen und Wege ausschließen. Wir sollen etwas von der Weite Gottes spüren lassen. Die Liebe Gottes, die vieles annimmt und trägt, ist in der Vielfalt der Kreaturen, des menschlichen Lebens gegenwärtig. Unser Herz kann weit sein und ertragen, dass andere eine andere Auffassung haben, ohne dass wir diese übernehmen müssen. Das weite Herz umschreibt ein Ziel für unser Leben und unseren Einsatz in der Welt.

WN: Aber wer ein weites, ein offenes Herz lebt, muss doch wohl auch mit Verletzungen rechnen. Gab es die und wie sahen sie aus?

OL: Zu einem weiten Herzen gehört, dass ich annehmen kann, dass andere wirklich anderer Meinung sind. Selbst da, wo ich zunächst einmal einen bösen Willen, eine böse Haltung vermute, kann das weite Herz trotzdem sagen: Gott hat auch diesen Menschen lieb und kann ihn zu seiner Vollkommenheit führen, ohne dass sie genau dem entspricht, was ich mir darunter vorstelle.

WN: War das die innere Leitlinie, wenn du enttäuscht wurdest oder mit solchen Verletzungen umgehen musstest?

OL: Solch eine innere Leitlinie ist gut. Aber dass es mir immer gelingt, ihr zu folgen, kann ich sicher nicht sagen. Ärger und Wut werden wir immer wieder im Herzen spüren. Das Ziel wäre, sie zu überwinden. Wenn ich die Morgenzeitung lese oder die Nachrichten höre, dann ärgert mich sehr viel. Das Ziel wäre, keine Wut über diese Politiker oder Wirtschaftsleute in meinem Herzen zu tragen, sondern auch für sie zu beten, sie hineinzugeben in die Liebe und Barmherzigkeit Gottes. Das verlangt immer wieder Anstrengung. Doch diese innere Änderung führt zu einer anderen Sicht des ganzen Lebens und der Welt, in der ich lebe.

5

Das rechte Maß

....

Klösterlicher Dienst im Wandel der Zeit

WN: Odilo, im Zusammenhang mit den verschiedenen Aufgaben und Möglichkeiten eines Klosters hast du schon berichtet, was das für dich persönlich mit sich brachte. Doch Klosterleben ist insgesamt nichts Statisches. Ich würde gerne etwas über die Wandlungen erfahren, die du ganz konkret in St. Bonifaz in München siehst und die du zum Teil mit angestoßen hast.

OL: So ist es, Stillstand würde auch ein Kloster rasch lähmen. So spielte in der ersten Hälfte der Geschichte von St. Bonifaz die Seelsorge in der Großstadt eine große Rolle: Da sich das Pfarrgebiet weit nach Westen ausdehnte, wurden die Pfarreien St. Benedikt (1890) und St. Rupert (1900) gegründet und pastoriert. Nach dem 1. Weltkrieg wurde diese beiden Pfarreien der Diözese übergeben. Nach dem 2. Weltkrieg waren die Mitglieder der Wohnpfarrei St. Bonifaz immer weniger geworden. So stellte sich neu die Aufgabe, Menschen in der Stadt für den Glauben zu gewinnen und ihn zu stärken. 1965 begannen wir mit dem Colloquium Benedictinum: Vorträge, Diskussionen, Arbeitskreise zur Heiligen Schrift, zur Geschichte, zur Philosophie und Spiritualität. Das trägt sich bis heute durch. Da wir dazu einen Raum brauchten, entstand auf dem Ruinengelände des Nordteils der Basilika ein Neubau, den 1971 Kardinal Döpfner einweihte. Neben einer Werktagskirche und der Krypta mit den Gräbern der verstorbenen Mitbrüder gab es nun Pfarrräume mit einem großen Saal, Studentenzimmer, Büros für den Internationalen Arbeitskreis (IAK) und vor allem für eine von beiden Konfessionen getragene Psychologische Beratungsstelle für Jugendliche (PIB), die vierzig Jahre lang sehr segensreich wirkte, dann leider von der Erzdiözese aufgegeben wurde. 1983 konnte Kardinal Wetter die sanierte und bedeutend erweiterte Stiftsbibliothek einsegnen. Die Bibliothek dient neben den Mitbrüdern ebenso anderen Menschen: Studenten und zunehmend älteren Menschen mit wissenschaftlichem Interesse. Innerer Wandel führte immer auch zu Veränderungen der Klosteranlage selbst.

WN: Doch einen Dienst, der relativ neu für das Kloster St. Bonifaz ist und der mich beeindruckt, will ich gesondert ansprechen: Wie fand die Abtei zum besonderen Profil der Obdachlosenarbeit?

OL: In den 90er-Jahren ließen sich Mitbrüder von der Not der Obdachlosen, deren Zahl stetig wuchs, berühren. Wir suchten dem im Kloster mit einer größeren Essensausgabe, mit medizinischer und sozialer Beratung zu begegnen. Freilich erwiesen sich die Räume des Klosters dazu als viel zu klein und ungeeignet. So überlegten wir in diesen Jahren, in unserem Garten neue Räume zu schaffen, soweit es die Stadt erlaubte. 2001 konnte im Nordteil des Gartens der Grundstein zu neuen Gebäuden gelegt werden. Sie umfassten das Haus für die Obdachlosenarbeit, für Essens- und Kleiderausgabe, für medizinische Vorsorge, für soziale Beratung. Dieses Haus erhielt den Namen »Haneberghaus«, nach unserem zweiten, dem berühmten Abt Daniel Bonifatius Haneberg, der nicht nur ein großer Gelehrter, sondern auch sehr sozial eingestellt war. Ihm schließt sich ein Jugendhaus für die Jugendarbeit der Pfarrei an und die Jugendstelle des Dekanats sowie Räume für die Jungen Chöre Münchens (vordem die »Münchner Chorbuben«, die schon bei meiner Primiz 1956 gesungen hatten). Um die Mittel für all das zu beschaffen, verpachteten wir einen Teil des Gartens an die kirchliche Genossenschaftsbank LIGA, die nach einem neuen Standort suchte. So ist unser Dienst an den Menschen vielfältig. Er dient der Bildung und religiösen Unterweisung, er dient den Not leidenden Menschen, er dient der Musik für und von Kindern und Jugendlichen.

WN: Wer all diese Maßnahmen und Entwicklungen auf sich wirken lässt, der fragt sich schon: Wer hat das wie bezahlt? Wer also den langjährigen Abt von St. Bonifaz aushorcht, der muss spätestens hier etwas über Andechs, den heiligen Berg, erfahren. Welche Bedeutung hat Andechs für St. Bonifaz und welche Rolle spielte dieser besondere Ort für dein Wirken?

OL: Natürlich hat mich während meiner Amtszeit die Frage der Finanzierung all dieser Baumaßnahmen sehr beschäftigt. Die Gründung des »Vereins der Freunde« 1965 war mir eine große Hilfe, sowohl durch die kompetente Beratung wie auch durch die Spenden. Entscheidende Voraussetzung für alle Bauplanungen war jedoch, dass König Ludwig I. 1835 nicht nur den einen Grundstein für das Kunstausstellungsgebäude (zum Königsplatz hin), sondern auch für das Kloster mit seiner Bibliothek und die Basilika gelegt hatte als Dreiklang von Religion, Wissenschaft und Kunst. Er sorgte zudem für den weiteren Bestand der erst 1850 eingeweihten Abtei und Kirche St. Bonifaz vor, indem er das, was von dem 1803 säkularisierten und seitdem in den privaten Besitz verschiedener Menschen übergegangenen Kloster Andechs noch übrig geblieben war, erwarb und als finanzielle Sicherung für St. Bonifaz bestimmte – natürlich mit der Aufgabe, auch die Wallfahrt und umliegende Seelsorge zu betreuen. Zunächst bildete für das Kloster die Landwirtschaft, dann aber im steigenden Maße die Brauerei einen wirtschaftlichen Rückhalt. So musste und durfte ich mich den äbtlichen Verpflichtungen auch auf dem Heiligen Berg intensiv widmen: Jeden Mittwoch verbrachte ich zu Besprechungen mit Mitbrüdern und den vielen angestellten Mitarbeitern in Andechs. Meistens fuhr ich mit der S-Bahn nach Herrsching. Die Wanderungen durchs Kiental gehören zu den schönsten Erinnerungen meines Lebens, auch manche Begegnung auf diesem Weg. So erinnere ich mich in der Wendezeit an eine junge Frau aus der DDR, eine begeisterte Bergsteigerin, der aber bis dahin der Westen verschlossen gewesen war. Sie fragte nach dem Weg zum »Heiligen Berg« Bayerns, von dem sie gehört hatte – wahrscheinlich mit etwas übertriebenen Vorstellungen, die sowohl die Ausdrücke »Berg« wie »heilig« in ihr geweckt hatten. Natürlich rief mich der Heilige Berg auch sonst oft nach Andechs: zur Bittwoche, zu verschiedenen Gottesdiensten, zu Wochenenden mit Jugendlichen und mit Männern. Besonders wichtig wurde mir in Andechs der Monat August, der bis zu vier Wochen das Mitleben junger Menschen im Kloster ermöglichte. Eine Ermutigung war ein junger Mann, der schon den Einberufungsbefehl zur Bundeswehr in der Tasche hatte, aber dann im Herbst zu uns ins Kloster kam, voll Eifer sein Noviziat machte, Mönch wurde und sich in Andechs um das Haus kümmerte. Vor allem aber widmete er sich den Gästen und kümmerte sich mit viel Geschick und Humor um sie – wie übrigens auch um den Nachwuchs der örtlichen Feuerwehr. Sein früher Tod hat viele Menschen sehr bewegt.

Nicht nur in St. Bonifaz, auch in Andechs standen Baumaßnahmen an. Die Landwirtschaft musste von der Viehwirtschaft ganz auf den Ackerbau umgestellt werden. So wurden Pferdestall, Schweinestall und der große Heustadel überflüssig. Daraus entstand der »Florianstadl« – eine Stätte für kulturelle und gesellschaftliche Begegnung. Vor allem diente er als Ort für die Orff-Festspiele, deren Leitung glücklicherweise 1997 Prof. Helmuth Mathiasek übernahm. Aber auch die Wirtschaftsgebäude in Andechs mussten im Lauf der Jahre mit hohem finanziellen Aufwand umgebaut und erneuert werden.

WN: Zu Recht betonst du die wirtschaftliche Bedeutung von Andechs für euer Leben und Engagement. Aber Andechs bedeutet doch viel mehr. Wie sieht es aus, lockt der Heilige Berg auch heute noch?

OL: In Andechs habe ich besonders gespürt, was Heimat und Tradition bedeuten. Die Wallfahrt dorthin gehört für viele Gemeinden, die seit mehreren Jahrhunderten kommen, zu ihrer Geschichte. Mich hat immer berührt, wenn Wallfahrer für vierzig oder fünfzig Jahre treuen Kommens auf den Heiligen Berg eine Auszeichnung erhielten und sie diese mit Rührung und Stolz entgegennahmen. Wir leben als geschichtliche Menschen, brauchen Erinnerungsorte. Wallfahrtsorte sind geschichtliche Orte, in denen sich zugleich Ewiges, Heiliges bewahrt hat, etwa in der konkreten Gestalt der Reliquien. In der prächtigen Dreihostienmonstranz – vom Priester gar nicht so leicht zu tragen – ist durch viele wundersame Erinnerungen das Ewige gegenwärtig, das große Geheimnis der Menschwerdung Gottes, seines Eingehens in unsere Geschichte. Dies wird besonders deutlich beim Andechser Dreihostienfest, das seit einiger Zeit im Herbst gefeiert wird.

WN: Ich spüre, das Herz wird dir wirklich weit, wenn es um Andechs geht. Hast du nicht eine Geschichte parat, die etwas vom besonderen Geschmack des Platzes wiedergibt?

OL: Nur eine will ich hier erzählen: Durch Andechs sind wir mit dem Ort Erling und der ganzen Umgebung eng verbunden. Besonders erlebt habe ich das, als bei der Gebietsreform in Bayern zwischen Starnberg am Starnberger See und Herrsching am Ammersee kein weiterer Ort bestehen bleiben sollte. Erst die Initiative des damaligen Erlinger Bürgermeisters Mörtl konnte dies im letzten Augenblick verhindern. Er nahm mich mit zum damaligen Innenminister Merk, der viel Verständnis für dieses Anliegen hatte. Wir mussten natürlich auch andere Gemeinden zum Zusammenschluss mit Erling bewegen, damit die notwendige Einwohnerzahl einigermaßen erreicht werden konnte. So hatte der Bürgermeister die Gemeinderäte der benachbarten Orte Machtlfing und Frieding und mich ins Bräustüberl eingeladen, um sie dafür zu gewinnen. Da keine Gemeinde gerne den Namen einer Nachbargemeinde annimmt, schlug der Bürgermeister den gemeinsamen Namen Andechs vor und bat mich um ein Wort dazu. Ich musste also aus dem Stegreif die Bedeutung von Andechs schildern. Einer der Gemeinderäte sagte daraufhin: »Wir haben ja schon immer auf die Kirche gehört. Dann machen wir es jetzt auch.« Eine Erzählung von Bürgermeister Mörtl machte die Bedeutung des Namens Andechs deutlich: Er war beim Skifahren in Südtirol und nicht mehr in die Gondel seiner Familie mit hineingekommen. So musste er nun zusammen mit zwei Männern in einer anderen Gondel Platz nehmen. Einer war ein Kanadier, der sich gerne mit den zwei Deutschen unterhielt. Er fragte nach ihren Berufen. Der eine war Bürgermeister von Hamburg. Auf die Frage: »Und was sind Sie?«, sagte Mörtl: »Ich bin auch ein Bürgermeister, aber nur von einem ganz unbedeutenden Ort in Bayern.« Auf die Frage: »Wo denn?« antwortete er: »In der Nähe von Starnberg.« »Und wie heißt denn der Ort?« Als der Name Andechs fiel, sagte der Kanadier: »Was? Andechs. Da komme ich jedes Jahr hin, wenn ich in Europa bin. In Hamburg bin ich noch nie gewesen.«

WN: Das Stichwort »Brauerei« fiel bereits. Doch halte ich mich damit noch zurück. Denn was man häufig nicht weiß: Andechs steht auch für eine ganz neue Dynamik des Wallfahrens. Geschichte ist lebendig. Odilo, wie kam es, dass Andechs bis heute zum besonderen Versöhnungsort wurde?

OL: Eine besondere Herausforderung stellte 1993 der 750. Todestag der Heiligen Hedwig, einer Andechser Grafentochter, dar. Aus diesem Anlass fand die Landesausstellung »Herzöge und Heilige – das Geschlecht der Andechs-Meranier« in den Räumen des Klosters, vor allem im sogenannten früh-barocken Fürstentrakt und der Bibliothek statt. Das bedeutete umfassende Sanierungs- und Restaurierungsmaßnahmen. Zudem mussten die Räume, die bisher nur über steile Stufen zu erreichen waren, barrierefrei zugänglich gemacht werden. Das gelang durch den Einbau eines Liftes und durch eine kühne Treppenanlage, die vom Hof zwischen Kirche und Kloster in den ersten und zweiten Stock hinaufführte. Es mussten viele Verhandlungen mit verschiedensten Behörden – vom Starnberger Landratsamt bis zum Landesamt für Denkmalpflege und zur Obersten Baubehörde – geführt werden. Gut war nur, dass der Termin der Landesausstellung feststand und trotz vieler Bedenken eingehalten werden musste.

Die Erinnerung an Hedwig brachte nach einer ersten Reise mit jungen Geistlichen für mich eine erneute Begegnung mit Polen. Nach der Schlacht an der Wallstatt 1241 und der verheerenden Niederlage des deutsch-polnischen Heeres gegen die Tartaren hatte sich eine Gruppierung von überlebenden Adeligen zur Betreuung der verwaisten Familien gebildet. Diese Vereinigung besteht immer noch, ist nun auf die ganze Welt verteilt und unternimmt regelmäßig

Fahrten in die alten schlesischen Gebiete. Als »Nachkomme« der Heiligen Hedwig von Andechs wurde ich gebeten, diese Gruppe zu begleiten und zum Beispiel an der Wallstatt den ersten deutschsprachigen Gottesdienst nach dem Krieg zu halten. Es war für mich sehr bewegend, wie freundlich wir damals in Liegnitz und an anderen Orten von den polnischen Behörden begrüßt wurden. Allerdings hörte ich abends Protestrufe auf dem Platz vor dem Hotel: »Liegnitz bleibt polnisch« – obwohl natürlich niemand aus unserer Reisegruppe die Absicht hatte, je wieder nach Polen zurückzukehren.

So wurde Andechs eine neue Heimstatt für viele aus ihrer Heimat vertriebenen Schlesier, aber zugleich ein Ort der Begegnung mit Polen und anderen Völkern des europäischen Ostens. Kardinal Döpfner hielt noch den ersten großen Gottesdienst in Andechs mit Vertretern der polnischen Hierarchie. So konnte eine Nebenkapelle in der Kirche als Hedwigsgedenkstätte eingerichtet werden. Die Paneuropa-Union hält jedes Jahr Versammlungen ab, die vor allem der Verständigung und Begegnung mit Vertretern Osteuropas dienen.

Neben der Pflege jahrhundertealter bayerischer Wallfahrten und Pilgerfahrten zum Heiligen Berg ist daher auch der Dienst der Versöhnung eine besondere Aufgabe für Andechs. Darum war es für mich eine besondere Freude, im Zusammenhang mit der

Restaurierung am Rande der Kirche in bisher zuge-
mauerten Räumen – früher das Wasserreservoir des
Klosters – eine Versöhnungskapelle einzurichten, die
die vielen Kerzen aufnehmen sollte, die Pilger und
andere Besucher hier anzünden, weil der Ruß in der
Kirche zu viele Schäden anrichtet. Im unteren Teil
der Kapelle ist der heilige Benedikt als Patron Euro-
pas zu sehen, zusammen mit seiner Schwester, der
heiligen Scholastika. In diesem Raum findet man
zudem die Heiligen Cyrill und Method, die Johannes
Paul II. Benedikt als »Mitpatrone« beigegeben hatte.
Im etwas erhöhten Raum in dieser Kapelle kommen
dann die Andechser Frauen Elisabeth und Hedwig
als Heilige der Liebe und Versöhnung zur Geltung,
ebenso die unbekannteren Seligen Mechthild und
Rasso. Alle diese Figuren stammen von der Münchner Künstlerin Christine Stadler, die 2001 verstarb.
Als krönenden Abschluss stellten wir eine alte, wahrscheinlich noch aus Tegernsee stammende Figur der
Annaselbdritt darüber, ein Bild, das mit Anna, Maria
und Jesus altes und neutestamentliches Gottesvolk
verbindet. Leider wurde diese Figur später wieder ins
Kloster zurückgeholt und durch ein relativ beliebiges
Marienbild ersetzt.

WN: Jetzt kommt es: Wir beide wissen und freuen
uns daran, dass Andechs durchaus weltweit für »Genuss für Leib und Seele« steht. Andechser Bier ist eine
Köstlichkeit. Eine Labsal für die Klosterkasse alle-
mal, wie wir gesehen haben! Hattest du als Abt im-

mer ein ungetrübtes Verhältnis zum Gerstensaft und der ganz spezifischen Wallfahrt gerade zu ihm?

OL: Du fragst nach meiner Einstellung zum Gerstensaft. Als Kind der Kriegs- und Nachkriegszeit hatte ich kein Verhältnis zum Bier. Verschiedene Limonaden und Säfte konnte ich lange im Mund behalten und genießen. Bier war viel zu herb, um es länger im Mund zu lassen. So blieb ich auch noch im Kloster lange Zeit ein Limonadentrinker. Erst als ich als Abt zum Brauereibesitzer wurde, fühlte ich in mir eine Verpflichtung, auch das Bier zu lieben. Da auch die Ärzte sagten, Bier sei – im rechten Maß genossen – gesünder als Limonade, wurde ich guten Gewissens zum Biertrinker. Lange bedauerte ich, dass wir in Andechs kein Weißbier herstellten. Aber meine Vorschläge stießen in der Brauerei auf keine Gegenliebe. Erst als sich beim normalen Bier gewisse Absatzgrenzen zeigten, führte man zu meiner Freude auch ein helles und dunkles Weißbier ein. Und zu meiner noch größeren Freude wird nun unter meinem Nachfolger seit einiger Zeit ein alkoholfreies Weißbier hergestellt. Aber gewiss hat es mich immer etwas betrübt, wenn manchen Menschen beim Namen Andechs nur das Bier einfiel.

WN: Noch einmal nachgehakt: Rausch und Religion haben etwas miteinander zu tun. Kann Andechs etwas zur Versöhnung von Sinnenfreude und Frommsein beitragen?

OL: Vielen Antialkoholikern ist Andechs ein Gräuel, aber wir dürfen doch, wie du andeutest, eine Verbindung zwischen der Freude aus Gott und der Freude an einem guten Trank herstellen. Gott hat uns die Gaben der Natur zu unserer Freude gegeben, weil wir gerade durch sie zur vollendeten Freude gelangen sollen. Das gilt ebenfalls für Andechs. Und auch der Heilige Benedikt hat in seiner Regel seinen Mönchen den Genuss von Alkohol erlaubt, weil er meinte, den Mönchen seiner Zeit sei eine volle Enthaltsamkeit nicht mehr zuzumuten – so lobenswert sie auch sein mag. Freilich mussten wir in Andechs immer wieder gewisse Beschränkungen im Bierverkauf einführen: etwa, dass nach acht Uhr im Bräustüberl nicht mehr ausgeschenkt wird, auch wenn manche Besucher sich schon vorher reichlich einzudecken suchen. Manche Besuchergruppen bringen uns in Bedrängnis, wenn wir sie nicht zum »rechten Maß« anhalten können. So kamen manchmal zur Oktoberfestzeit große Reisegruppen, die von einer Bierstätte zur anderen fuhren und jene Beschränkungen als Ausländerfeindlichkeit empfanden.

WN: Klöster brauchen – das hast du ausgeführt – stabile finanzielle Ressourcen. Dies nicht offen zu bedenken, führt leicht zu eigentümlicher Romantik. Das ist die eine Seite. Was lehrt dich aber deine Erfahrung, wenn es um eine Grenzziehung zwischen wirtschaftlichem Denken und spirituellem Profil geht?

OL: Klöster haben gerade dadurch eine gute Selbstständigkeit, dass sie durch Besitzungen und eigene Wirtschaftsunternehmen von anderen Geldgebern unabhängig sind. Auch hier gilt es für das Unternehmen, »das rechte Maß« zu finden. Mir wurde das sehr deutlich, als ich das äbtliche Amt übernahm. Manche Menschen sagten damals: »Sie haben doch noch so viele bauliche Aufgaben und diese schöne Brauerei müsste doch dafür mehr Gewinn erwirtschaften.« Andere meinten mir gegenüber: »Als klösterlicher Betrieb müsstet ihr doch das Bier billiger abgeben und öfter ein Freibier spendieren können.« Schließlich kamen auch Mitarbeiter: »Als klösterlicher Betrieb könntet ihr uns doch mehr an Freizeit und Belohnung geben.« Solche Vorgänge machten mir klar: Wir müssen tatsächlich immer neu »das rechte Maß« suchen. Wir brauchen die Zufriedenheit der Kunden, die Zufriedenheit der Mitarbeiter und wir brauchen für unsere klösterlichen und seelsorgerischen Aufgaben auch einen Gewinn. Die Suche nach »dem rechten Maß« ist also eine bleibende Aufgabe.

Ganz generell möchte ich angesichts unserer vielen Aufgaben, die sich durch unsere Tradition, Geschichte und die heutige Situation ergeben, festhalten: Wir haben die Verpflichtung, Schönes zu erhalten und das Schöne zu pflegen. Aber das »Schöne« darf nicht Selbstzweck werden, darf die Nachfolge des armen Christus nicht zurücktreten lassen. Das kann zu Entscheidungen herausfordern.

6

Das weite Herz

....

Prägende Gestalten und Bewegungen

WN: Viele Jahrzehnte eines geistlich geformten Lebens sind dir geschenkt. Nur eine knappe Skizze dazu: Deine Aktivitäten innerhalb und außerhalb des Klosters, deine Schriftstellerei, deine gestaltende Kraft im Kirchen- und Klosterbau, deine Bildungsarbeit – all das und viel mehr belegen, dass du wach die Zeiten aufgenommen hast. Erzähl doch bitte von einigen Persönlichkeiten aus der Geschichte und Gegenwart, die dich besonders interessiert und vielleicht auch geprägt haben.

OL: Neben den Eltern und Lehrern in München und in Metten und den Professoren an den Universitäten war eine prägende Gestalt Romano Guardini (1885 bis 1968). Er hielt damals im kleineren Rahmen Seminare, vor allem aber die tiefgehenden Vorlesungen im großen Hörsaal. Er konnte Menschen ungeheuer fesseln und verlangte auch im großen Hörsaal absolute Aufmerksamkeit. Ich erinnere mich, dass irgendwo auf der Galerie zwei Leute leise miteinander gesprochen haben. Guardini hat das gehört und seine Vorlesung unterbrochen: »Wenn da andere reden, dann kann ich nicht sprechen.« Alle schauten zu den beiden hinauf und es wurde wieder still. Guardini konnte fortfahren. Jahre später, zur Zeit der Studentenunruhen, wäre das unmöglich gewesen, weil in dieser Zeit auch das Wort eines jeden Hörers durchaus sein Recht einfordern konnte.

Sehr beeindruckt hat mich zudem Dag Hammarskjöld (1905 bis 1961), Generalsekretär der UNO in jenen schwierigen Zeiten des Konflikts zwischen Ost und West, der ungarischen Revolution und ihrer Niederschlagung. Er war ein unermüdlicher Mahner zum Frieden. Nach seinem Tod wurde sein Tagebuch veröffentlicht. Das war damals eine Sensation. Man sah plötzlich: Dieser große Mann der Politik war ein zutiefst innerlicher Mann gewesen, mystisch veranlagt und religiös geprägt. Als ich dieses Tagebuch las, war es mir eine Offenbarung, wie dieser Mensch ganz von innen her lebte. Beispielsweise findet sich im Jahr 1961, in dem er über dem Kongo abgestürzt ist oder »abgestürzt wurde«, ein Eintrag an Pfingsten: »Ich weiß nicht, wer oder was die Frage stellte, ich weiß nicht, wann sie gestellt wurde, ich weiß nicht, ob ich antwortete. Aber einmal antwortete ich Ja zu jemanden oder zu etwas. Von dieser Stunde her rührt die Gewissheit, dass das Dasein sinnvoll ist und dass darum mein Leben in Unterwerfung ein Ziel hat.« Das bewegte mich sehr, dass Ausrichtung auf und Hingabe an ein Ziel etwas ungeheuer Wichtiges ist und das Leben sinnvoll macht. Das kommt immer wieder in seinem Tagebuch vor. Er hat öfter Mystiker wie Eckart und Seuse und »Die Nachfolge Christi« von Thomas von Kempen zitiert. Aus solch einem inneren Impetus hat dieser Mann der großen Politik gelebt. Diese Art Spuren haben mich weiter begleitet. Ich bin solchen Äußerungen immer wieder begegnet, auch in der Literatur.

So kann ich mich gut an Hilde Domin (1909 bis 2006) erinnern, die öfters in unserem Colloquium in St. Bonifaz, selbst noch im hohen Alter, gesprochen hat. Sie konnte wegen ihrer jüdischen Herkunft nach 1933 nicht in Deutschland bleiben, lebte zuerst in Italien und dann in der Dominikanischen Republik. Dort hat sie auch zu dichten angefangen, weil sie Sprache als ihre Heimat erlebte. Eines ihrer schönen Gedichte ist mit »Salva nos« überschrieben, nach Psalm 22,22: »Rette uns aus dem Rachen des Löwen.« Da schreibt sie:

Salva nos

Dies ist unsere Freiheit
die richtigen Namen nennend
furchtlos
mit der kleinen Stimme

einander rufend
mit der kleinen Stimme
das Verschlingende beim Namen rufend
mit nichts als unserem Atem

Salva nos ex ore leonis
den Rachen offen halten
in dem zu wohnen
*nicht unsere Wahl ist.**

Wir können unser Schicksal oft nicht selbst bestimmen, vieles kommt von außen auf uns zu oder aus inneren Zwängen. Aber wir haben dieses Wort und dürfen es mit der kleinen Stimme sprechen. Hilde Domin ist 96 Jahre alt geworden. Lange lebte sie dann wieder in Deutschland und setzte sich unermüdlich für das Recht und das Gute ein. Mit ihrer zarten, alten Stimme hat sie Menschen ungeheuer bewegt. So beschreibt sie auch einmal ein Lebensziel:

Nicht müde werden
sondern dem Wunder
leise
wie einem Vogel
*die Hand hinhalten.**

Das sind Worte, die uns spüren lassen, was geistliches, religiöses Leben bedeutet. So haben Hilde Domin oder Nelly Sachs und andere Dichter in bedrängender, dunkler Situation in mir die Hoffnung aufrechterhalten.

* beide Gedichte aus: Hilde Domin, *Sämtliche Gedichte*
© S. Fischer Verlag GmbH, Frankfurt am Main 2009

WN: Du hast neben Guardini zwei große Gestalten gleichsam von außen genannt. Gibt es denn auch in der Philosophie und in der Theologie Lieblingsgestalten, die für dich den Rang von erschließenden Menschen haben? Wenn ja, wer war das? Und vielleicht kannst du sagen, warum das gerade bei diesen Leuten passiert ist.

OL: Natürlich war für mich eine prägende Gestalt der Heilige Augustinus (354 bis 430). Ich durfte eine philosophische Dissertation über ihn schreiben. Für die Philosophie ist der frühe Augustinus wichtig, denn er bringt die Verbindung von Philosophie, von Platons Nachdenken und von christlichem Glauben in besonderer Weise zur Sprache. In den »Confessiones« wird gesagt, dass unser Herz unruhig ist, bis es in Gott ruht. Für mich war dieser Blick auf das Ewige entscheidend. Mitten im Strom der Zeit, im Vergehen, in unserer Vergänglichkeit spüren wir ein Jetzt, ein Aufleuchten des Ewigen. Das ist für Augustinus ein momentaner Aufblick oder Durchblick, der rasch wieder vergeht. Man spürt aber: Da ist Ewiges. Und so kann man dann auch über Ewigkeit und Zeit nachdenken. Was mich vor allem faszinierte: die Betonung der Stellung der Engel, der geistigen Wesen. In der Auslegung des Schöpfungsberichts spielen für ihn die Engel eine große Rolle. Da ist ein Anfang bei Gott, der durch sein Wort die Schöpfung in Bewegung setzt. Doch dann kommen für Augustinus die Engel bedeutsam ins Spiel. Sie dürfen mit Ja sagen zu dem, was wird. Durch die bösen Engel kommt jedoch auch das Nein hinzu. In der Geschichte des Menschen, in der Geschichte der Welt spielt dieses freie Ja zu dem, was Gott spricht, eine große Rolle. Alle Störung in der Welt kommt durch jenes Nein der geistigen Wesen, die nicht mitvollziehen, was Gott in der Schöpfung angelegt hat. So können wir auch das Dunkle, das Leid, die Widersprüche in der Welt zu verstehen versuchen. Das ist die große Frage in unserer Welt im letzten Jahrhundert und auch heute: Wieso gibt es dieses schreckliche Leid, wieso gibt es die furchtbaren Entstellungen dessen, was eigentlich schön und gut sein sollte? Das ist das Geheimnis der Freiheit: Gott lässt die geistigen Wesen mitbestimmen. Auch wir sind fähig, dieses Ja oder dieses Nein zu sagen. Wir wissen, dass Augustinus in den Spätschriften sehr pessimistisch wurde. Aber diese frühe Verbindung von platonischer Philosophie und biblischer Weisheit hat mich ungemein fasziniert.

WN: Gibt es aus der näheren Gegenwart solche Menschen, die dich fasziniert haben?

OL: Was mich seit der ersten Nachkriegszeit bis ins hohe Alter begleitet, sind die Abschiedsbriefe der in der Nazizeit Hingerichteten. So schreibt Helmuth James Graf von Moltke an seine Frau von der Verhandlung vor dem Richter Freisler, er stehe vor ihm »nicht als Protestant, nicht als Großgrundbesitzer, nicht als Adeliger, nicht als Preuße, nicht als Deutscher – sondern als Christ, als gar nichts anderes«. Er wurde zusammen mit Pater Alfred Delp SJ verurteilt. Dessen Tagebuch enthält Zeugnisse seines Ringens um die Zukunft und bewegende geistliche Texte. An Epiphanie 1945 schreibt er: »Ein Leben ist verloren, wenn es nicht in ein inneres Wort, in eine Haltung, eine Leidenschaft sich zusammenfasst. Der Mensch muss unter einem geheimen Imperativ stehen, der jede seiner Stunden verpflichtet.« Seine Aufzeichnungen geben von diesem Suchen nach dem geheimen Imperativ ein erschütterndes Zeugnis.

Besonders berührt haben mich aus dieser Zeit Hans Scholl und Alexander Schmorell, deren Bilder in unserer Bibliothek hängen. Beide kamen durch Vermittlung von Carl Muth zu unserem Bibliothekar Pater Romuald Bauerreiß, um Verschiedenes zu studieren, unter anderem auch die Frage des Tyrannenmordes. Um sie vor den Nazis zu retten, brachten sie wertvolle Bücher unseres Hauses in die Wohnung des Vaters von Schmorell. Alexander Schmorell schreibt am Tag der Hinrichtung an seine Eltern: »Ich gehe hinüber in dem Bewusstsein meiner tiefen Überzeugung, der Wahrheit gedient zu haben.« Besonders verbunden fühle ich mich mit Christoph Probst, Vater von zwei Kindern. Er schreibt am Tag seiner Enthauptung, an dem er sich noch taufen ließ, an seine Mutter: »Ich danke dir, dass du mir das Leben gegeben hast. Wenn ich es recht bedenke, so war es ein einziger Weg zu Gott.« Mich hat bewegt, dass später das Gymnasium in Gilching, an dem ich auch unterrichten und oft Gottesdienst feiern durfte, seinen Namen erhalten hat. Einer seiner Söhne war Arzt in Herrsching.

Eine prägende Gestalt für mein Leben war Kardinal Julius Döpfner (1913 bis 1976). Als ich zum Studium nach Würzburg kam, war es der noch sehr junge Bischof von Würzburg, der alle faszinierte. Im November 1956 hat er mir die Subdiakonatsweihe und die Diakonatsweihe gespendet. Er ist im folgenden Jahr nach Berlin berufen und an diesem politischen Ort als jüngster Bischof zum Kardinal ernannt worden. Als späterer Erzbischof von München hat er mich 1964 zum Abt geweiht. Eine überragende Persönlichkeit, die auch das Konzil mitprägte. Er hielt sich zwar gern in München auf, war aber durch das Konzil und als Berater der Päpste häufig nicht präsent. Dadurch bin ich rasch Firmspender geworden. Er hat bei den Äbten, die auch Stab und Mitra tragen, also aussehen wie ein Bischof, angefragt. So hielt ich dann auch im Dom die ersten Firmungen und habe das bis zum Jahr 2016 immer wieder getan – schöne, prägende Erlebnisse.

Was an Kardinal Döpfner so bewundernswert war: Er ist auf die Menschen zugegangen. Er war ganz ein Mann der Kirche, aber doch den Menschen nahe, unter anderem auch Priestern, die das Priesteramt aufgegeben hatten. Und obwohl er ein Mann war, der viele Erfahrungen in sich trug, der viel wusste und wollte, hat er doch immer wieder andere nach ihrer Meinung gefragt. Sehr eindrücklich war, wie er den Priesterrat der Diözese leitete, dem ich auch länger angehören durfte. Er konnte auch mit der Faust auf den Tisch schlagen und etwas sehr energisch einfordern. Doch er hat immer wieder auf das gehört, was andere sagten. Er schrieb jedes Jahr einen Brief an die Priester und las ihn uns dann vor. Er fragte: »Meinen Sie, dass ich so schreiben kann?« Er hat wirklich auch als Fragender gelebt. Ich durfte, auch als ich Abt wurde, öfter zu ihm kommen. Er konnte aber durchaus Nein sagen. So riet er mir ab, mich als Leiter im Vorstand von »Pax Christi« zu engagieren.

Ich hatte 1975 auch ein betrübliches Erlebnis. Damals fand in unserer Basilika ein Singspiel »Ave Eva« statt, in dem Maria, aber auch die Frau schlechthin thematisiert wurden. Das Singspiel wurde zunächst auch von der Kirche positiv aufgenommen. Doch die Gleichsetzung von Eva und Maria hat die Empörung konservativer Menschen erregt, auch die des damaligen Bischofs Graber aus Regensburg. Ich war, als um die Genehmigung zur Aufführung gebeten wurde, nicht da. Sie war jedoch vom Kardinal angeordnet worden. Die Aufführung wurde ein Erfolg, aber auch ein großer Skandal, es gab viele Proteste. Mich hat sehr bewegt, dass Kardinal Döpfner mich zu sich rief und sich die Vorgänge noch einmal schildern ließ. Er wollte mich bestärken und trösten und nahm sich dafür extra Zeit, trotz seiner vielfältigen Verpflichtungen.

Mir ist auch sein Tod deutlich in Erinnerung geblieben. Das war ein Samstag im Juli. Ich hatte mich nach dem Frühchor und der Messe noch einmal ins Bett gelegt, um etwas auszuruhen. Da kam ein Telefonanruf von Weihbischof Tewes mit der Frage: »Können Sie jetzt eine Firmung übernehmen? Ich soll in St. Andreas firmen, aber der Kardinal ist ganz schwer erkrankt. Kurz vor den Ferien, auf die er sich schon so gefreut hat, muss er ins Krankenhaus und ich möchte bei ihm sein.« Ich habe also die Firmung gehalten. Und im Anschluss kam schon die Nachricht, dass Kardinal Döpfner gestorben sei. Ich blieb ihm dankbar verbunden. Er hat sich immer wieder in besonderer Weise um die Lösung von Konflikten bemüht. Sein besonderer Einsatz galt der deutschen Synode, mit dem wichtigen Text über »Unsere Hoffnung« (1975). Es ist ihm gelungen, mit dem ganzen Einsatz seiner Kräfte die Kirche in Deutschland zusammenzuhalten: rechts und links, progressive und konservative Kreise. Was in anderen Ländern nicht funktionierte, wurde durch ihn möglich. Wenn auch nicht alle damit einverstanden waren und vor allem aus Rom keine positive Antwort auf diese Synode kam – Döpfner hat das alles durchgehalten. Er hat ganz für die Kirche gelebt, aber er wusste auch, dass vieles in ihr unbefriedigend läuft. Leiden an der Kirche war ihm durchaus vertraut.

Noch eine typische Erinnerung aus dem Priesterrat: »Manchmal«, erzählte er, »bin ich mit einer Predigt ziemlich spät dran. Ich muss sie am Abend halten und habe eigentlich noch nichts vorliegen. Wenn ich mich dann hinsetze, um die Predigt zu konzipieren, bete ich zuerst den Rosenkranz, um in die innere Stille und den inneren Frieden zu kommen und das rechte Wort zu finden.« Döpfner war eine der prägenden Gestalten damals für München, für die deutsche Kirche und eben auch für mich.

WN: Ich weiß für meinen eigenen Weg um die Bedeutung bestimmter Bücher. Ernst Blochs »Atheismus im Christentum« war für mich ein solches. Spielten Buchbegegnungen auch für dich eine Rolle? Welche waren das gegebenenfalls?

OL: Gedichte habe ich schon genannt. Ich lese gerne Gedichte, weil man mit denen schneller fertig ist als mit einem Roman. Neben den »Confessiones« von Augustinus sind mir auch einige Schriften von Karl Rahner (1904 bis 1984) wichtig geworden. Ich hatte ihn in Innsbruck während eines Jahres dann und wann gehört. Zu meinem Erstaunen war er 1956 bereit, die Predigt zu meiner Primiz zu halten und dann auch beim 25-jährigen Priesterjubiläum zu predigen. Er lebte zu dieser Zeit schon in München und ich hatte mit ihm näheren Kontakt.

An Schriftstellern hat mich in der ersten Nachkriegszeit bis ins Alter Heinrich Böll (1917 bis 1985) fasziniert. Ein kritischer Geist, der doch auch immer wieder auf den Glauben hingewiesen hat.

Auch Dramen von Carl Zuckmayer (1896 bis 1977) wie »Des Teufels General« haben mich bewegt. Als Student besuchte ich eine Matinee im Schauspielhaus. Zuckmayer hat über seine Theaterstücke gesprochen und emphatisch ausgerufen: »Wir Menschen vom Theater sind wie Mönche, ganz einer Sache hingegeben.« Da habe ich mir gedacht: Na, wenn das so ist – ich hatte damals auch etwas Theaterwissenschaften studiert und erwogen, zum Theater zu gehen –, dann kann ich doch gleich ins Kloster gehen. Im Alter berichtete er bewegend über die Begegnung mit dem großen evangelischen Theologen Karl Barth in der Schweiz. Dieser bezeichnete Zuckmayers Schriften als »priesterlichen Dienst nie versagender Barmherzigkeit«.

Beeinflusst haben mich sicher (wie viele Altersgenossen) Romane und Gedichte von Hermann Hesse (1877 bis 1962), vor allem die beiden Charaktere in »Narziss und Goldmund«. Manche seiner Gedichte kamen auch im Gottesdienst vor – so etwa bei einer Abiturklasse sein Gedicht »Stufen« mit dem beeindruckenden Schluss:

Es wird vielleicht auch noch die Todesstunde
Uns neuen Räumen jung entgegen senden,
Des Lebens Ruf an uns wird niemals enden.
Wohlan denn, Herz, nimm Abschied und gesunde.

Berührt hat mich dann vor neun Jahren das Gespräch mit Susanne Aernecke und die Lektüre ihres Buches »Komm mit, ich liebe dich – eine Abenteuerreise in die Demut«. Nach vielen Fernsehdokumentationen über Reisen in die ganze Welt hat sie sich in der Fernsehserie »Te Deum« mit Klöstern in Europa befasst – und war fasziniert von dem, was sie erlebte, eben das Abenteuer der Demut. Besonders beeindruckte sie Schwester Clarissa, die am Frankfurter Bahnhof arbeitet. Als ein von oben bis unten vollgekotzter Mann mit einer Schnapsflasche in der Hand grölend die Bahnhofsmission betrat, wich alles zurück. Nur Schwester Clarissa setzte sich neben ihn und sagte: »Du weißt doch, dass ich dich liebe.« Sie holte einen Kaffee aus dem Automaten und nahm ihm die Flasche weg. Beim ersten Becher verschluckte er sich und spuckt die braune Brühe auf ihre weiße Schürze. Beim zweiten Becher klappte es. Die Reporterin fragte: »Wie schaffen Sie das?« Ihre Antwort: »Der Glaube an Christus ist die Liebe.« Susanne Aernecke zog als Schlussfolgerung aus den vielen Begegnungen mit Ordensleuten, dass sie selbst nun vielleicht anderen Menschen demütiger begegnete. Von der Demut her »werden andere Dinge eigentlich überhaupt möglich: Zuwendung, Barmherzigkeit, Gnade, Nächstenliebe, Liebe überhaupt und Heiterkeit«.

WN: Als wir über die weitreichende Bedeutung von Andechs für dein Wirken sprachen, erwähntest du bereits das langjährige Engagement für das Werk des

Komponisten Carl Orff. Ich nehme an, dass auch er zu den Menschen gehört, die dich geprägt haben.

OL: Andechs verdanke ich tatsächlich die intensive Begegnung mit Carl Orff (1895 bis 1982), dessen Werk ich gerade auch wegen der Verwurzelung in der bayerischen Geschichte kannte und schätzte. Er war mit meinem Vorgänger Abt Hugo Lang befreundet, der ihn in der Andechser Kirche mit seiner Frau Lieselotte getraut hatte. Überraschend bat er mich im Sommer 1981 um ein Gespräch in Andechs. Das Anliegen des 86-Jährigen war, dass er in der Andechser Kirche begraben werden wollte. Ich versuchte es ihm zunächst auszureden, da Bestattungen von Laien im Kirchenraum nicht mehr üblich waren, und bot ihm einen Platz auf dem Klosterfriedhof an. Er ließ sich freilich von seinem Wunsch nicht abbringen. Sein überzeugendes Argument: »Die vielen Menschen, die mein Grab besuchen werden, sollen sehen: Da bin ich daheim.« Es war ein Bekenntnis zur Kirche. Auch der damalige Bischof von Augsburg, Josef Stimpfle, erteilte dazu zunächst gerne seine Erlaubnis. Doch erhob sein Domkapitel ernsthafte kirchenrechtliche Bedenken. Es fand sich ein Kirchenrechtler, der diese Bedenken für eine verschließbare Nebenkapelle als gegenstandslos bezeichnete. Orff sollte also seine letzte Ruhestätte in der Schmerzhaften Kapelle der Andechser Kirche finden. Als er dann am 29. März 1982 verstorben war, durfte ich den offiziellen Pontifikalgottesdienst – der Sitz des Erzbischofs war zu dieser Zeit vakant – in St. Kajetan in München halten und dann am 3. April 1982 den Bestattungsgottesdienst in Andechs. Bewegt hat mich am Abend vor dem Requiem der Anruf einer Mutter eines behinderten Kindes, ich solle doch bei meiner Ansprache nicht vergessen, was Carl Orff für Menschen wie ihr Kind getan habe. Ich hatte für die Ansprache vor allem an die großen musikalischen Werke gedacht und wirklich vergessen, dass ein großer Teil seines Schaffens, vor allem das Schulwerk, der Hinführung von Kindern und Menschen mit Behinderung zur Musik gewidmet war.

Carl Orff hat einmal geäußert, dass die Musik im Menschen anfängt, nicht am Instrument: »Das Erste ist die eigene Stille, das In-sich-Horchen, das Hören auf den eigenen Herzschlag und den Atem.« Er empfand es als beglückend, dass es ihm bestimmt war, das Elementare im Menschen anzusprechen. Mir ist noch gut ein Orff-Konzert von Kindern mit Behinderung in der Andechser Kirche in Erinnerung. Man blickte in reglose Gesichter, von denen man nicht viel erwartete. Aber als sie zu den Instrumenten griffen, waren das plötzlich andere Menschen, lebhaft, aufgeschlossen, ganz der Musik hingegeben und von ihr verwandelt. So wurden für mich die Beisetzung Carl Orffs am 3. April 1982 in der Schmerzhaften Kapelle und die vielen Jahrtagsgottesdienste in Andechs, zu der immer viele Menschen kamen, zum bewegenden Ereignis.

WN: Wenn ich mir den Abt Dr. Odilo Lechner vorstelle, dann fallen mir durchaus verschiedene spirituelle, religiöse, künstlerische und andere Konzepte ein, von denen ich vermute, dass sie dich immer gelockt und getragen haben. Welche solcher Ereignisse, Strömungen und Bewegungen möchtest du nennen, die für dich besonders wichtig waren und mit denen du dich besonders auseinandergesetzt hast?

OL: Ich habe schon erwähnt, dass ich mich mit »Pax Christi« sehr verbunden fühlte. Das kam natürlich aus meiner eigenen Geschichte, also aus dem Erleben der Naziherrschaft und des Kriegsendes 1945. Eingeprägt hat sich mir in diesem Zusammenhang ein Gedicht von Reinhold Schneider, das ich bei einer Veranstaltung 1947 am Mettener Gymnasium vortragen durfte. Die vier letzten Strophen dieser Ode an St. Benedikt lauten:

Den Frieden zu gewinnen
verließest du die Welt.
So hast du ewige Zinnen
tief in die Flut gestellt.
Dein Antlitz leuchtet Frieden.
Dir ist der Tag bestellt.
Lass von der Welt geschieden
Uns Friede sein der Welt.

Hier wird deutlich, dass die Friedensordnung der Regel des Benedikt wirksam wird, auch aus der Abgeschiedenheit des Klosters hinein in die Welt. So war es mir als Benediktinerabt eine Verpflichtung, bei »Pax Christi« mitzuwirken.

Ein großes Ereignis meines Lebens war 1984 eine Wallfahrt von »Pax Christi« in die Sowjetunion. Ich hatte auf Anregung des damaligen Leiters der Münchner »Pax Christi« Gruppe in einer Predigt bei einem Gottesdienst in St. Bonifaz davon gesprochen, dass es auch zu unserer Aufgabe gehören würde, der Versöhnung mit der Sowjetunion zu dienen. Die Fahrt kam zustande und ich durfte der geistliche Leiter sein. Natürlich gab es viele Einwände, zum Beispiel, dass wir doch gegen die geheimen Lager und Irrenanstalten für Gegner des Regimes protestieren müssten. Im Flugzeug haben wir das diskutiert. Wir erkannten: Man kann nicht alles zugleich machen. Man kann nicht Versöhnung und Frieden anbieten und zugleich sagen, was die anderen alles falsch machen. Ein Trost war uns, dass dafür andere da sind, zum Beispiel »Amnesty International«, die darauf hinwiesen. Bewegend war, wie freundlich wir in Moskau, Stalingrad und Kiew aufgenommen wurden. Wir hatten viele gute Gespräche. Zu unseren Terminen gehörte auch ein Besuch im Frauenkloster in Kiew, das eine gute Verbindung zum Karmelkloster in Dachau hatte, wo ich viele Jahre als Beichtvater tätig war. Bei allen Begegnungen standen immer die sowjetischen Behörden im Hintergrund. Selbst die Bischöfe hatten stets einen Sekretär dabei, der vom Staat gestellt war und auf sie aufpasste. Mich bewegte es sehr, dass unsere staatliche Dolmetscherin und Führerin etwas zur Seite trat, wenn wir an den Gedenkstätten in Stalingrad und Kiew beten wollten, weil öffentliches Beten eigentlich verboten war.

Von den verschiedenen Friedensbewegungen hat mich eine besonders berührt. Beim Äbtekongress 1965 in Sant' Anselmo wurden wir in eine nahe Kirche zu einem Gottesdienst der Gruppe »Sant' Egidio« eingeladen, in dem es um Versöhnung mit verachteten und armen Menschen ging. Der Leiter, Andrea Riccardi, hat es auf erstaunliche Weise fertig gebracht, diese Bewegung auf die ganze Welt auszudehnen, um an vielen Orten, an denen Krieg und Feindschaft herrschen, den Versuch zu unternehmen, verfeindete Menschen zu versöhnen. Der jetzige spirituelle Begleiter der Bewegung, Bischof Ambrogio Spreafico, hat ein Buch geschrieben, das vor zwei Jahren auf Deutsch erschien: »Feinde werden Freunde. Der Traum Gottes für die Welt«. Diesem Traum Gottes stellt sich seit vielen Jahren »Sant' Egidio« auch in Deutschland und in München zur Verfügung. Hier findet jeweils am 1. Januar eines Jahres ein Gottesdienst in der Bürgersaalkirche gemeinsam mit dem evangelischen CVJM statt. Über mehrere Jahre durfte ich dann die Predigt halten. Bei diesem Gottesdienst treten junge Menschen mit Tafeln, auf denen die Krisengebiete der Erde zu sehen sind, vor den Altar, um alle Anwesenden zu Versöhnungsbitten einzuladen. Danach zieht man auf die Straße zur Michaelskirche oder zum Karlstor, um diese Anliegen auch anderen Menschen nahezubringen.

WN: Nun noch zu einer ganz anderen Strömung der zweiten Hälfte des letzten Jahrhunderts: Wie war deine Haltung gegenüber der charismatischen Bewegung?

OL: Sie hat mich sehr beeinflusst und inspiriert. Eines Tages in den 70er-Jahren trat ein amerikanischer Geistlicher der Pfingstkirche an mich heran mit der Frage, ob wir nicht ein gemeinsames Gebet in St. Bonifaz veranstalten könnten. Wir haben in der Folge regelmäßig in der Krypta ein ökumenisches Gebetstreffen veranstaltet. Man spürte dabei: Es gibt neben dem theologischen Verstand auch dieses innere Wirken des Geistes. Es gab zudem charismatische Gottesdienste und Messen. Da konnten sich die Menschen äußern, wie es ihnen eingegeben wurde. Das geschah im »Sprachengebet« oder auch »Zungengebet« (vgl. Apostelgeschichte 2,4 und 1 Korinther 14,13), also einem Gebet, das nicht in den deutlichen Worten unserer Sprache zu fassen ist. Es wurde mir neu bewusst, was die Heilige Schrift vom Pfingstereignis und von den paulinischen Gemeinden berichtet, in denen in »Sprachen« und »Zungen« geredet wurde: eine bleibende Gabe für die ganze Kirche. Das wurde auch für mich persönlich wichtig, weil ich freier wurde im Gebet. So kam ich mit charismatischen Gruppen in Berührung. Allerdings ließ sich eine ausschließliche Festlegung auf diese Strömung nicht mit dem Amt des Abtes verbinden, der für alle da sein muss. Ich kann mich erinnern, dass wir einmal ein Treffen von Führern charismatischer Bewegungen in St. Bonifaz hatten: freikirchliche, evangelische und katholische Leiter. Sie erzählten, wie sie sich engagieren. Ich hatte dazu nicht so viel zu sagen. Einer von ihnen meinte daraufhin: »Und der Abt schaut freundlich zu.« Das hatte mich zwar etwas getroffen, selbst wenn andere widersprachen. Aber ich spürte in diesem Moment den Vorteil unserer geprägten Liturgie, die man auch dann feiern kann, wenn einen einmal keine innere Begeisterung beflügelt.

WN: Verschiedentlich haben wir schon das Zweite Vatikanum (1962 bis 1965) erwähnt. Ich möchte noch einmal darauf zurückkommen. Was hat sich bei dir im Lauf des Prozesses dieses Konzils bewegt?

OL: Das Konzil war durchaus vorentworfen in verschiedenen Bewegungen – gerade in Deutschland –, die sich um tiefere Erfassung der Heiligen Schrift, soziale Gerechtigkeit, die Würde des Laien in der Kirche, um tieferes Verständnis der Liturgie bemühten. So sehr allerdings war ich in Bayern davon nicht berührt. Vor dem Konzil habe ich als Kaplan im Religionsunterricht zum Beispiel die Meinung vertreten, dass Latein wichtig sei. Dass es etwas Wunderbares sei, wenn in der ganzen Welt die Messe in derselben Sprache gefeiert werde. Und dann erlebte ich es doch als ein großes Ereignis, dass die Messe nun in deutscher Sprache stattfinden konnte. In den Sonntagsmessen hatte bisher der Priester die Lesungen zuerst lateinisch vorgetragen und jemand »vom Volk« dann auf Deutsch. Auch das Evangelium wurde zuerst in Latein vorgetragen und dann in Deutsch. Als ich 1964 zum Abt geweiht wurde, war das insofern ein Meilenstein, als das erste Mal in unserer Diözese in Konzelebration eine Messe gefeiert wurde. Sonst wurden früher an vielen Altären Messen gleichzeitig gelesen. Als ich in Metten Schüler war, haben wir in der Frühe bei der Schulmesse gesungen und gebetet. Aber an den Seitenaltären sind Patres immer wieder gekommen und gegangen und haben dort Messe gefeiert. Ich kann mich an den Eucharistischen Kongress 1960 in München erinnern. Zur Vorbereitung für die jungen Geistlichen hielt im Jahr davor der international bekannte Jesuit Padre Riccardo Lombardi Einkehrtage. Jeder Priester sollte die Messe für sich lesen. Im Saal wurden einzelne Tische aufgestellt und wir haben nebeneinander die Messe zelebriert. Einige der jungen Kapläne äußerten: »Wir möchten lieber an der Messe von Padre Lombardi teilnehmen.« Obwohl er ein sehr aufgeschlossener Jesuit war, meinte er aber, die Messe nicht mehr für sich selbst zu lesen, das sei eine Katastrophe. Ein anderes Beispiel: Bei einem Requiem für bekanntere Leute gab es oft mehrere Beimessen. Heute erscheint uns das sehr fremd.

WN: Auf die Zukunft hin gesehen: Gibt es für dich ein Erbe, eine Verpflichtung aus dem Zweiten Vatikanischen Konzil?

OL: Ich kann mich erinnern, dass wir bei einem Äbtetreffen in Rom am Abend noch mit einem Benediktiner, der an der Kurie tätig war, zusammensaßen, einem liebenswürdigen und aufgeschlossenen Mitbruder. Aber im Gespräch über das Konzil meinte er: »Nun ja, die Konzilsteilnehmer fahren wieder heim. Wir hier lassen es schon beim Alten.« So dachte die Kurie. Manche sehen das heute noch so, zum Leidwesen des jetzigen Papstes Franziskus. In dieser Zeit der Umsetzung des Konzils, etwa bei der deutschen Synode, hat sich – ich will es noch einmal hervorheben – Kardinal Döpfner mit letzter Kraft dafür eingesetzt, die deutsche Kirche zusammenzuhalten. Da wurde auch auf kritische Stimmen gehört; die Laien konnten mitreden. Es wurde versucht, das Konzil in das Volk, in die Zukunft hineinzutragen. Man erlebte später jedoch eine relativ große Enttäuschung, weil Rom sich zu den Anregungen unserer Synode nicht positiv geäußert hatte und vieles liegen blieb.

WN: Die Aufgabe besteht also weiter.

OL: Die Aufgabe besteht weiter und ebenso keimt die Hoffnung. Natürlich wird es in der Kurie, in der gesamten Kirche immer verschiedene Richtungen geben, also auch Leute, die sehr am Alten hängen. Manche, die ästhetisch bestimmt sind, werden weiterhin daran festhalten, wie schön und feierlich die alte Liturgie war. Von ihnen werden die Hochformen einer lateinischen Liturgie mehr geschätzt als irgendein Gottesdienst in der Gemeinde. Ich denke freilich, dass die Beteiligung möglichst vieler Menschen am kirchlichen Geschehen eine große Aufgabe bleibt. Und dazu dient auch eine menschenfreundliche Liturgie.

WN: Kehren wir noch einmal zur Realität, zur konkreten Umwelt des Klosters zurück. Ist ein Mönch, auch der Abt – du hast es selbst angedeutet – nicht immer auch ein politischer Mensch? Wie zeigt sich das? Wie geht dieser politische Mönch und Abt mit seinen Erfahrungen und politischen Einsichten in der Öffentlichkeit um und wie tut er das im Kloster?

OL: Ich kann mich erinnern, dass noch in der Nachkriegszeit ein Abt eines benachbarten Klosters an einem Wahltag zu seinen Mönchen sagte: »Wir gehen jetzt alle zur Wahl und wählen dann die Nr. 1«, also die CSU. Das ist lange vorbei. Als Abt habe ich bei verschiedenen Parteien gesprochen, bei der CSU, aber auch bei der SPD. So waren der frühere SPD-Oberbürgermeister von München, Hans Jochen Vogel, die ehemalige SPD-Bürgermeisterin, Gertraud Burkert, und der frühere SPD-Fraktionsvorsitzende,

Franz Maget, mit unserem Haus sehr verbunden. Auch bei der FDP und bei den Grünen war ich eingeladen. Wir sollten mit allen demokratischen Parteien Kontakt halten. Unser Subprior ist übrigens von Jugend an SPD-Mitglied. Im Kloster kann und will der Abt nicht irgendeine politische Richtung vorgeben. Was nicht heißt, dass nicht bei bestimmten Themen wie Nächstenliebe, soziale Verpflichtungen, Ehrfurcht vor Gott auch einmal ein deutliches Wort gesagt werden muss, auch in die Öffentlichkeit hinein. Im Allgemeinen müssen sich die Priester und die Kirche zurückhalten, nicht bei grundsätzlichen Fragen, aber bei allzu konkreten politischen Stellungnahmen. Die Mitglieder der Kirche sind frei, selbst zu urteilen. Manchmal sind entschiedene Stellungnahmen notwendig. 2015 hat die Kirche beispielsweise zur Flüchtlingsfrage ein offenes Wort gesagt. Und ich denke, das war gut.

WN: St. Bonifaz ist ein Stadtkloster, noch dazu in einer Großstadt, keine Zelle in Abgeschiedenheit. Was reizte dich besonders an diesem Platz?

OL: Zunächst einmal ist dieser Platz relativ ruhig, wenn nicht gerade ein Open-Air-Konzert am Königsplatz stattfindet. Im Norden liegt die Antikensammlung zum Königsplatz hin und nach Süden zur Karlstraße schützen uns Basilika und Pfarrzentrum. Wir sind die ruhige Mitte. Manche Leute sind erstaunt: »Bei euch ist es schön ruhig.« Natürlich sind wir vom Großstadtleben mit betroffen, wenn etwa eine Demonstration durch die Karlstraße zieht oder der Verkehr besonders tobt, dann kommt man nur schwer nach St. Bonifaz, weil sich in der Karlstraße alles staut. Wenn ich aber an manche österreichischen Klöster denke, an denen eine Autobahn vorbeigebaut wurde, dann ist es dort normalerweise lauter als bei uns. Das ist gerade eine unserer Aufgaben: in der Unruhe der Großstadt, in der Mobilität unserer Gesellschaft eine Zuflucht, ein Ort der Ruhe und Stabilität zu sein.

WN: Ist es dir nie zu viel geworden, dieses Gewirr und Gewühle der Stadt?

OL: Nun ja, ich bin in München aufgewachsen, Umtriebigkeit gehört zur Großstadt dazu. Man hat in der Stadt dafür auch an allen möglichen Ereignissen Anteil und lebt nicht abgeschieden. Die neuen Medien erreichen so oder so den abgelegensten Ort.

WN: Was ist das Geschenk von St. Bonifaz an die Großstadt München?

OL: Wichtig ist, dass Leute, die an Kirche und Kloster vorbeigehen, spüren: da wird gebetet, da ist ein Ort der Stille, der Nähe Gottes. Wir dürfen versuchen, die Botschaft des Evangeliums, die Weisung Benedikts hineinzutragen in die Welt, so gut wir es mit unseren bescheidenen Mitteln können.

7

Die Ursprünge und das Heute

Ein Leben mit der Kirche

WN: Odilo, bitte einmal ganz direkt und ungefiltert: Was erfreut dich an deiner Kirche? Was liebst du an ihr?

OL: Kirche ist für mich Lebensraum. Im Gegensatz zu den meisten anderen Schülern habe ich einst im Religionsunterricht nicht nur den Bibelunterricht gern gehabt, sondern auch den Katechismusunterricht. Ich denke, weil er ein schönes Ganzes geboten hat: von der ersten Frage »Wozu sind wir auf Erden?« bis zur Eschatologie, zur Vollendung. Eine wunderbare Ordnung! Während des Studiums der Theologie merkte ich dann: Bei jedem Punkt, der scheinbar so klar ist, tauchen doch immer wieder Fragen auf. Man muss sogar immer weiter fragen, und auch die Kirche selbst gibt vielfältige Antworten. So tut sich in der Liturgie beispielsweise ein vielgestaltiger Raum mitten in dieser Welt auf, in dem das Geheimnis aufleuchtet. Das ist der Schatz der Liturgie. Einst schien die alte Liturgie etwas Unantastbares, durch die Jahrhunderte überliefert. Dem konnte man sich einfach überlassen. Aber durch das Konzil kamen eine ungeheure Lebendigkeit und Vielfalt neu in den Blick.

Die Liturgieforschung zeigt die Vielfalt gerade der alten Liturgien: solche, die untergegangen sind wie die keltische, aber auch solche, die bis heute überliefert sind. Wir erleben die Liturgien der Orientalen, der Ostkirchen und der reformatorischen Kirchen. Das ist wirklich ein unendlicher Schatz, den man nicht ausschöpfen kann! Es gilt aber auch: Durch die Festlegungen der Liturgie kann man sich an etwas halten. Es ist zwar schön, dass es viele Liturgien gibt, aber richtig pflegen, richtig zu Hause sein kann man nur in einer Form. So darf man schätzen, dass es die vielen anderen Formen gibt, aber ebenso, dass man sich an eine Form halten kann und von ihr getragen wird. Das ist es, was wir von der Kirche empfangen: viele Überlieferungen, mit den verschiedensten Gestaltungen der Liturgie – allerdings im Wissen darum, dass alles, was wir von Gott, dem Sinn des Lebens, sagen können, dem wahrhaft Göttlichen unähnlicher ist als ähnlich. Diese Einheit in Vielfalt erfreut mich wirklich.

WN: Ich würde gerne noch einmal etwas persönlicher nachfragen: Gibt es wundersame, tragende innere Erfahrungen, die dein Leben mit der Kirche bis heute lebendig halten?

OL: Da fällt mir eine Erinnerung an das Jahr 1947 in Metten ein. Nach dem Krieg wurde die kirchliche Jugendarbeit wieder aufgenommen und die Marianische Kongregation neu eingebürgert. Der habe ich mich angeschlossen, vielleicht mit Bedenken. Ein feierliches Versprechen, dem Herrn und Maria treu zu bleiben, war üblich. Das geschah im Gottesdienst am 8. Dezember. Am Nachmittag davor wollte ich mich etwas darauf vorbereiten und bin in den nahen Wald gegangen, um darüber nachzusinnen, was das für mich bedeutet. Ich habe dabei sehr tief gespürt: Gott, der Schöpfer von allem, der Unendliche, will mich hineinnehmen in seine Liebe und meinem Leben einen wunderbaren Sinn verleihen.

WN: Man hat in seinem Leben auch kritische Phasen, in denen man sich von bestimmten Dingen distanziert. Man wird älter, aber in einer ganz neuen Situation koppelt man plötzlich doch zurück an alte Erfahrungen. Da ist etwas Neues, es greift aber die alte Erfahrung auf. Du erwähnst Maria. Auch ich kann heute plötzlich wieder Marienlieder singen und schäme mich einer kleinen Träne nicht. Kennst du das?

OL: Tränen vielleicht nicht gerade beim Beten. Die Gabe der Tränen ist freilich auch in der kirchlichen Tradition sehr geschätzt. Aber auch in mir taucht manches wieder auf, manches Einfache und Schlichte hat plötzlich wieder eine ganz andere Kraft. Als junger Mensch bin ich einfach darüber hinweggegangen. Jetzt schenkt es mir neue Kraft. Die Kirche vollzieht sich als eine große Gemeinschaft der Erinnerung. Und diese Erinnerung geht auf etwas zurück, das unendlich ist, das von Gott kommt. Das kann uns immer wieder neu erfassen.

WN: Gute, große, schöne Erfahrungen mit der Kirche sind kostbar. Viele würden gerne etwas anderes hören, darauf kommen wir zurück. Ich möchte dennoch weiter fragen: Warum ist es heute so schwer, über die Schönheit der Kirche, über die Schönheit ihrer Liturgie oder gar vom Geheimnis der Kirche zu reden?

OL: Die Sehnsucht danach ist da. Und viele sagen mir immer wieder, wie sehr sie die Liturgie miterleben, davon ergriffen werden und sich hineingeben können. Allerdings erlaubt uns unser historisches Bewusstsein nicht mehr, alles so selbstverständlich zu übernehmen. Durch die nachkonziliare Erneuerung der Liturgie können wir vieles selbst in die Hand nehmen. Schön ist, dass wir Liturgie gestalten, dass wir nach Neuem Ausschau halten. Aber ist es nicht auch gut, wenn wir einfach das eine oder andere unhinterfragt übernehmen? Bei vielem in der heutigen Liturgie, gerade im monastischen Stundengebet, weiß ich: Das hat der oder jener Kollege formuliert, da hat sich diese oder jene Richtung durchgesetzt. Ich relativiere also mit solchem Bewusstsein viel mehr, als wenn ich eine heilige Tradition unbefragt übernehme und dabei ihre große Ausstrahlung und Kraft spüre. Beides gehört also zusammen: dass wir immer wieder nach neuen Formen suchen, uns in unserem Glauben neu ausdrücken dürfen, dass wir aber auch davon durchdrungen sind, dass gerade in alten Texten und Melodien mehr als bloß Menschliches steckt. Wir dürfen uns einfach von ihnen ergreifen lassen.

WN: Es ist doch unglaublich wichtig, nicht nur in der Wirkung nach außen, sondern auch für uns selbst, dass wir uns ab und zu der Schönheit, oder, wie du sagst, der heiligen Tradition vergewissern.

OL: Ja, das ist richtig. Nur wissen wir eben aus der Geschichte, dass es in der Tradition viele Stränge gibt, viele Ströme und Flüsse. Und ich kann immer nur am Rand eines Flusses sitzen, obwohl ich weiß, dass es auch viele andere Ströme gibt.

WN: Aber wenn ich mit Lächeln und Freude jemanden zu dem einlade, was mir wichtig ist, dann darf ich doch auch manches vergessen. Wenn ich immer nur als Griesgram und Miesepeter an meine Kirche denke, dann wird es schwierig, mit Menschen darüber ins Gespräch zu kommen.

OL: Ich darf mich dem, was ich aus einer langen kirchlichen Überlieferung übernehme und was ich beispielsweise in der jetzigen Gestalt der Liturgie vorfinde, ganz hingeben und erfahren: das ist schön.

WN: Was, glaubst du, kann also den heutigen Menschen an der Kirche faszinieren?

OL: Einmal, dass sie eine große, beeindruckende Tradition aufweist. Das sehen wir an bestimmten Orten: in alten Kirchen und Klöstern, den verschiedensten künstlerischen Gestaltungen, vom Barock bis zur Moderne. Da ist mehr verborgen als das, was nur der Verstand wahrnimmt. Ich las das schöne Buch des evangelischen Theologen Jörg Lauster: »Die Verzauberung der Welt«. Er durchwandert die ganze Geschichte des Christentums und geht auf alle Kunstepochen, auch auf die so katholisch geprägte des Barocks ein. Er betont den Dienst der Kirche, dass sie Schönes schafft, dass sie die Welt verzaubert.

WN: Ich war sehr dankbar für dieses Buch, weil es mit viel Selbstbewusstsein den Beitrag der Kirche und der christlichen Tradition zur Kulturgeschichte unserer Breiten dargestellt hat. Täte uns nicht dieses Selbstbewusstsein dann und wann auch gut?

OL: Ja, so ist es. Wir dürfen das Schöne nicht vergessen. Das ist in unserer rational geprägten Zivilisation durchaus nicht selbstverständlich. Doch gerade deshalb können wir in der Kirche den Blick auf das Schöne richten, also auf das, was nicht nur rational und zweckmäßig ist, sondern auf das, was das Leben lebenswert macht.

WN: Im Hintergrund lauert natürlich schon lange die Gegenseite: der Schrecken in der Kirche, das Unglück in ihr, das Traurige und Überflüssige. Welche Aspekte kirchlichen Lebens müssen deiner Meinung abgelegt, aufgearbeitet, ohne Wenn und Aber verändert oder abgelegt werden?

OL: Zunächst ist mir die rechte Gelassenheit wichtig: Ich weiß, die Kirche hat eine menschliche Geschichte mit vielen Fehlern, Nachlässigkeiten, Verbrechen. Das ist uns durch heutiges Geschichtsbewusstsein viel deutlicher und klarer. Früher, zu meiner Kinderzeit, hat man die Fehler nur bei den anderen, zum Beispiel den Protestanten gesehen. Heute können wir einen gemeinsamen Blick auf verschiedene Gestaltungen der Kirche werfen, auch auf das, was man einst als Irrlehren oder als böse bekämpft hat. Zu dem Wissen, dass die Kirche auch eine menschliche Sache mit Fehlern und Unvollkommenheiten ist, kann uns die Bibel verhelfen. Selbst in der nahen Umgebung Jesu, also nicht nur in der ihm feindlichen Welt, die ihn nicht aufnimmt, stoßen wir auf eine Menge von Fehlern, Versagen und Katastrophen, die ihm viel Leid zugefügt haben. Er hat alles angenommen und ertragen. Ich fand es schon immer bewundernswert, wie die kirchliche Überlieferung ungeniert das Versagen von Petrus, dem für sie doch wichtigsten »Amtsträger«, berichtet. Jesus weist ihn zurecht: »Weiche zurück, Satan!« Und als es für Jesus bitterernst wird, wird er dreimal von diesem Petrus verleugnet.

WN: Zugespitzt: Welche Aspekte des kirchlichen Auftretens sind tatsächlich abzulegen oder zu verändern?

OL: Die Kirche hat viele frühere Herrschaftsformen und Machtansprüche abgelegt und muss das weiter tun. Der jetzige Papst gibt das wunderbare Beispiel, dass man auch ohne großen Pomp und ohne Macht Menschen gewinnen und überzeugen kann. Ein anderes ist, dass die Kirche sich die Zufälligkeit von vielem bewusst machen muss. Man könnte alles auch ganz anders machen, weil es bei vielen Formen der Machtausübung oder Selbstdarstellung durchaus verschiedene Möglichkeiten gab und gibt. Man sollte also für diese Möglichkeiten offen sein. Diese Haltung setzte sich ebenfalls im Konzil durch, vor allem durch Johannes XXIII.: dass man Vertrauen hat, kein Unglücksprophet ist, dass man mutig anfängt und darauf setzt, dass es gut ausgeht, denn Gottes Kraft ist dabei. Auch wenn dann natürlich immer menschliche Risiken eingeschlossen sind, da wir Neues beginnen.

WN: Sich auf die große heilige Tradition zu berufen, ist nicht so einfach. Wenn heute Tradition überzeugend gelebt wird, dann braucht es auch Kraft zur Reinigung.

OL: Im Zweiten Vatikanum erlebten wir immer wieder – zum Beispiel beim Dekret über das Ordensleben – das, was erst einmal als ein Widerspruch erscheint, als Grundforderung: zurück zu den Ursprüngen *und* sich den heutigen Anforderungen stellen. Das scheinen zwei entgegengesetzte Bewegungen. Aber sie gehören zusammen. Wir brauchen immer wieder den Blick auf das, was ursprünglich im Evangelium oder in der Ordensregel steht. Und wir brauchen die Übersetzung in die Welt von heute.

WN: In dieser Spannung stehen wir selbst alle. Meine Frage an dich ganz persönlich: Gibt es ein innerstes Geheimnis deiner Kirchenzugehörigkeit?

OL: Das innerste Geheimnis ist natürlich Christus selbst. Alles ist auf ihn bezogen, auf seine Weisungen, auf sein Leben, auf das, was er in die Welt hineingeben will. Darum kann ich die Kirche bejahen, ganz bejahen, weil sie in ihrem innersten Kern vom Geist Gottes lebt, von Jesus Christus, von seiner Gestalt, von seinen Worten. Da weiß ich: Das ist unvergänglich und unbegrenzt. Aber so, wie ich es aufnehme, wie ich es weitersage, ist es begrenzt, weil meine Aufnahmefähigkeit, mein menschliches Wort, meine menschlichen Zeichen eben begrenzt sind. Dass wir in der Liturgie dem Geheimnis Jesu Christi begegnen und dass es uns Menschen erfasst, das ist unabhängig von der Zeit, in der wir stehen. Und das bleibt. Wir erleben alle sehr verschiedene Gottesdienste. Da trifft man auf eine Gemeinde, die die Messe einfach über sich ergehen lässt und abwartet, bis sie vorbei ist. Oder aber man merkt anderswo, dass die Menschen ergriffen sind, etwa von dem, was wir Wandlung nennen, vom Geheimnis der Eucharistie. Da bricht eine Ahnung auf: Es gibt noch etwas anderes als das, was Menschen produzieren und tun.

WN: Das erfordert jedoch auch eine tiefe und konzentrierte Rede über Jesus Christus. Er ist nicht einfach derjenige, über den ich lediglich etwas lesen und den ich historisch-kritisch erforschen kann. Du begegnest dem lebenden Geheimnis Christi nicht zuletzt in der Liturgie.

OL: Die Zeichen der Liturgie sind uns eben gegeben, dass wir das aufnehmen, worauf sie hinweisen. Wir brauchen solche äußeren Zeichen. Man merkt doch immer wieder, dass das Läuten der Glocken, dass Riten und Haltungen für uns bedeutsam sind. Ich schätze im katholischen Gottesdienst den Wechsel von Sitzen und Knien. Das Äußere deutet auf etwas hin, was sich im Inneren vollziehen kann. So bedauere ich, dass man im traditionellen protestantischen Gottesdienst fast immer sitzt, weil man ganz vom Wort der Predigt her lebt. Auch wenn ein guter Prediger die Leute zum Anhalten des Atems führen und tief bewegen kann. Das ergreift die Seele. Und das gilt erst recht von der Musik.

8

Verbindlich Ja sagen

....

Die Welt des Glaubens

WN: Wie könnte es auch anders sein beim Gespräch mit Altabt Odilo Lechner: Religiöses Leben, Theologie, Kirche und Religion sind wie Kettfäden eines Teppichs in seine Biografie hineinverwoben. Gerade deshalb möchte ich mit dir unsere Glaubenswelt noch ein wenig genauer anschauen. Worin besteht das besondere Geschenk des Glaubens an den Menschen?

OL: Das besondere Geschenk des Glaubens ist, dass ein Mensch sich öffnet und erfährt, dass er nicht allein ist. Selbst wenn ihn viele andere umgeben, kann er sehr allein sein. Der Glaube an Gott verändert: Ich bin nie allein. Der Ewige ist in mir, ist bei mir. Ein extremer Individualismus, der meint, dass der Mensch nur für sich da ist, wird so überwunden.

WN: Glauben wird oft mit ganz konkreten Inhalten zusammengebracht. Doch wenn ich dir zuhöre, scheint Glaube viel mehr zu sein. Wirkt er nicht viel umfassender? Was ist denn Glauben?

OL: Glauben ist zunächst einmal ein Vertrauen, dass ich zu meinem Leben, auch zu meiner Geschichte Ja sagen kann, weil sie in einen größeren Strom eingebettet sind. Die Heilsgeschichte ist nicht nur eine Aneinanderreihung einstiger Ereignisse mit verschiedensten Menschen, sondern etwas, das sich durchträgt. Ich bin überzeugt, dass das Gottesgeheimnis in jedem Menschen in irgendeiner Weise gegenwärtig ist. Sicher geschieht das bei jedem immer wieder anders, weil Gott eine Vielfalt der Welt und der Menschen geschaffen hat. Darum drückt er sein ewiges Geheimnis in den verschiedensten Formen menschlichen Vollzugs aus. Und der Mensch ahnt: Hier geschieht mehr als nur mein Werk, meine Tat und mein Erleben.

WN: Fällt es uns Heutigen eigentlich schwerer zu glauben als früher?

OL: Verschiedene Schwierigkeiten begegnen mir. In früheren Jahrhunderten ist man einfach in eine gewisse Vorstellung des Glaubens hineingewachsen. Man ging davon aus: Die Welt muss entstanden sein, also gibt es einen Schöpfer. Das ist vom heutigen naturwissenschaftlichen Denken her nicht selbstverständlich. Immer wieder sah man das Wirken des Göttlichen in der Geschichte, in wunderbaren Ereignissen. Oder man hat umgekehrt die schlimmen Ereignisse als Strafe empfunden. Heutiges Empfinden – beginnend mit der Neuzeit – kann eigentlich nicht verstehen, warum dieses oder jenes Unglück ein ganzes Volk oder einen ganzen Erdteil getroffen hat und damit so viele unschuldige Menschen. Vieles ist unbegreiflich und nicht von einem verallgemeinerbaren Geschichtsverständnis her getragen. Auch denken die Menschen heute viel selbstständiger, sie wollen selbst nachdenken und ihren Weg finden. Diese Individuation, ebenso eine Entwicklung der Neuzeit, ist nicht umkehrbar, sie erfordert eine Antwort aus innerer Überzeugung. Früher haben viele Leute gedacht: Es wird wahr sein, was schon die Eltern und die Menschen in ihrem Umfeld gesagt haben. Diese Selbstverständlichkeit hört natürlich dann auf, wenn keine gemeinsame Ideologie, auch kein gemeinsames Glaubensverständnis mehr bindet, wie das einst in bestimmten Gegenden und Regionen der Fall war. Am Sonntag ging man eben in die Kirche, auch wenn das nicht immer so ernst genommen wurde und die Männer beispielsweise während der Messe vor der Kirche standen. Es hat mich immer bewegt, wenn A. Keller, der später selbst Priester wurde, berichtete, dass er als Bub immer dann mit den Männern vor der Kirche stand, wenn er mit dem Vater zum Gottesdienst gegangen ist. Mit der Mutter musste er von Anfang an hinein. Wenn möglich, hat er sich zum Vater gestellt und die Männer haben sich unterhalten. Wenn die Glocke zur Wandlung erklang, wurden sie jedoch alle still. Der Bub wusste nicht warum, aber sie waren plötzlich anders. Danach wurde wieder geredet. Das mag für dieses äußere Getragensein von einer Tradition stehen. Heute muss sich jeder selbst entscheiden, er wird nicht mitgetragen von der Bevölkerung des Dorfes oder der Stadt. Es ist daher eine sehr viel persönlichere Entscheidung für den Glauben erforderlich.

WN: Chance und Last der Individualisierung: Wo ist in einer individualisierten Biografie ein Anker, um Glauben verständlicher machen zu können?

OL: Der muss sich an persönlichen Überlegungen festmachen. Ich muss und darf also fragen: Wie finde ich ein Fundament für mein ganzes Leben und für die Sicht der Geschichte, der ganzen Gesellschaft? Wie finde ich etwas, das über meine individuelle Empfindung oder über Tagesneuigkeiten hinausgeht? Und das schenkt mir der Glaube.

WN: Das sogenannte Glaubensbekenntnis, das Credo, ist eine Riesenkiste voll mit grandiosen, häufig kaum zu fassenden Aussagen. Was ist für dich der Kern des christlichen Glaubens?

OL: Der Kern des christlichen Glaubens ist selbstverständlich Jesus Christus: Der unendliche, von keinem Menschen begreifbare Gott hat menschliche Gestalt angenommen, er spricht in den Worten von Jesus zu uns. Gott bleibt jedoch ein unendliches Geheimnis, sodass einzelne Worte der Heiligen Schrift, auch der Evangelien einander widersprechen können, weil sie eben in menschliche Gestalt eingegangen sind. Ich kann trotzdem in Jesus etwas Absolutes, nicht mehr Hinterfragbares erkennen und annehmen und mich darauf verlassen: In ihm hat Gott uns zugesagt, dass er uns liebt. Das wäre der Kern des Glaubensbekenntnisses. Allerdings: Der Kern entfaltet sich durch das Wirken des Heiligen Geistes weiter. Das schenkt Hoffnung auf die Zukunft. Wir hoffen auf eine Zukunft, die für uns gut ist, die wir bejahen, die wir ersehnen können.

WN: Entspricht dieser Kern des christlichen Glaubens in irgendeiner Weise unserer urmenschlichen Sehnsucht, an irgendetwas zu glauben?

OL: Der christliche Glaube gibt eine Antwort auf diese Sehnsucht. Aber er zeigt zugleich, dass es nicht genügt, irgendwie an irgendetwas Höheres zu glauben. Ich bin persönlich angesprochen und darum kann und muss ich verbindlich Ja sagen dazu. Ich kann also nicht immer nur umherschweifen und mir heraussuchen, was mir gerade gefällt.

WN: Ich könnte also ganz ungeniert die Hoffnung ins Gespräch bringen: In Christus bekommst du eine Antwort?

OL: Ja, das ist die Hoffnung – eine Hoffnung für meine Zukunft, für die Zukunft der Welt, für die ganze Menschheitsgeschichte.

WN: Vielen steht jedoch die kirchliche Sprache im Weg. In welchem Verhältnis steht religiös-kirchliche Sprache zu jenem Geheimnis des Glaubens?

OL: Das macht das Eigentliche des christlichen Glaubens aus und ist für uns alle auch immer wieder das Problem: Der Glaube zielt auf ein mysterium rationabile, ein Geheimnis, das dennoch verstehbar ist. Das Geheimnis ist nie auflösbar. Kein Theologe, keine Theologie, keine theologische Schule können es erfassen. Das Wichtigste ist, dass ich an das Mysterium, an das Geheimnis Gottes glaube. Andererseits bleibt dies nicht ein nebulöses Geheimnis, es lässt sich ansatzweise hineinübersetzen in menschliche Sprache. Das verstehe ich unter dem Geheimnis echter Liturgie, dass sie das Mysterium, das Geheimnis bewahrt. Das heißt: Das hat keiner von uns erfasst, aber es ist in menschliche Sprache übersetzbar, es kann auch vom Verstand aufgenommen werden.

WN: Kommt vielleicht daher deine tiefe Sympathie für Dichtung, für Gedichte? Denn rührt nicht diese Art von Sprache an das Geheimnis, ohne es aufzulösen?

OL: Das wäre von aller Kunst zu sagen. Da wird etwas spürbar, etwa in den Worten eines Poeten, das nicht umsetzbar ist in Gegenstände des Alltags. Das gilt ebenso für die bildende Kunst. Vor jedem guten Gemälde spüren wir etwas, das uns berührt: menschliche Liebe, Schönheit, Furchtbares und Entsetzliches. All das übersteigt die verbale Beschreibung.

Und das macht erst recht das Geheimnis der Musik aus.

WN: Das heißt aber auch, dass religiöse Sprache, auch die Sprache der Verkündigung sehr sorgsam und sehr vorsichtig angelegt sein sollte.

OL: Das ist sicher richtig. Ich denke aber, dass eine gewisse Dialektik existiert. Die religiöse Sprache fasst ein Geheimnis in Worte, das man nicht ganz auflösen kann. Aber sie spricht trotzdem etwas aus, sie sagt etwas aus. Man kann tastend versuchen, etwas vom Geheimnis zu erfassen. Ein Afrikaner drückt das anders aus als ein Nordeuropäer, Frauen empfinden das anders als Männer. Ganz generell gesagt: Ein schlichter Mensch nähert sich dem Geheimnis anders als der studierte Theologe. Vom Pfarrer von Ars, der einfach war und doch dem Geheimnis Gottes sehr nahestand, wird berichtet: Ein Bauer ging in seine Kirche und saß dort oft eine Stunde und länger. Den fragte er: »Sag einmal, was machst du denn da?« Der Bauer gab zur Antwort: »Ich schaue Gott an und er schaut mich an.« So »einfach« ist das, und muss doch immer wieder neu ins individuelle Leben hinein übertragen werden.

WN: Muss man immer und zu jeder Zeit alles glauben, wovon in der Kirche die Rede ist?

OL: Nun ja, die Kirchengeschichte zeigt, dass sich der Glaube sehr verschieden ausgedrückt hat. Aber das Grundbekenntnis des Glaubens, etwa das Credo, so denke ich, umfasst, was für uns wichtig ist. Jeder wird einen anderen Akzent setzen. Das gilt zum Beispiel im katholischen Bereich für die Heiligenverehrung. In den Heiligen kommt uns etwas vom Geheimnis Gottes in einer menschlichen Gestalt nahe. Man darf sich Heilige auswählen, man darf Heilige auch immer wieder im alltäglichen Leben entdecken, nicht nur die, die durch kirchliche Instanzen erforscht und propagiert worden sind: Menschen, denen ich begegnet bin und die mich fasziniert haben. Da spüre ich etwas von dem Geheimnis, wie Gott in Menschen lebt und sich in Menschen aussagt.

WN: Dazu kommt die denkwürdige Tatsache, dass wir im Laufe unserer Biografie diese Akzente, den Glauben betreffend, sehr unterschiedlich setzen.

OL: Das ist ganz natürlich, weil, wie wir hoffen, jeder Mensch eine Entwicklung mit verschiedensten Erfahrungen durchmacht. So kann sich auch der Glaube ändern. Das ist sehr wichtig. Manche Leute meinen, sie müssten ihren Kinderglauben bewahren, ohne dass ihnen einleuchtet, ob die Überzeugungen noch so stimmen. Wir bauen auf einem einfachen, also dem Kinderglauben auf, bei dem das Kind Ja sagen kann, verstehen kann, was gemeint ist. Aber es spürt, wenn es älter wird, dass die einfache Meinung, die Guten leben schön und zufrieden und den Böses geht es schlecht, nicht aufgeht. Oft macht es die Erfahrung, dass es gerade umgekehrt ist. Da muss der Glaube eine neue Gestalt finden – auch ganz individuell.

WN: Manchmal denke ich: Hauptsache, Winfried, du bleibst irgendwie dabei. Wie bist du über die Jahrzehnte und auch in Krisen beim Glauben geblieben? Wie kannst du dir das erklären?

OL: Ich muss gestehen, dass ich keine sehr großen Krisen im Glauben hatte. Ich wusste, ich muss immer wieder selbst und neu dazu Ja sagen. Nach dem Krieg und der Nazidiktatur rührte sich in mir eine relativ große Angst vor allem, was passieren könnte. Da brach schon in jungen Jahren die Sehnsucht auf, den Halt zu finden, den der Glaube zuspricht. 1945 ist sichtbar und deutlich gewesen: Die Kirche ist das, was geblieben ist. Es gab Zeiten, in denen ich tiefer im Glauben leben konnte, und dann wieder solche, in denen ich zwar den Glauben nicht abgelegt habe, aber das Menschliche, das Äußere viel mehr im Vordergrund stand. Auch wenn man eine kirchliche Laufbahn eingeschlagen hat, sind rein menschliche, egoistische Antriebe oft stärker: dass man für eine Predigt Beifall bekommt, dass man etwas erreicht. Da tritt das Eigentliche zurück. Aber man wird immer wieder darauf gestoßen: Du findest nicht immer Beifall oder du täuscht dich hinsichtlich der Wertschätzung durch andere. Ich erinnere mich: Als ich einmal als junger Priester predigen musste, ist eine

Frau in der vordersten Reihe aufgestanden und gegangen. Das hat mich sofort durcheinandergebracht: Warum ist sie jetzt gegangen?, fragte ich mich. Nachher war ich doch sehr beruhigt, als der Pförtner sagte: Während der Messe ist eine Frau zu mir gekommen und wollte zu Hause anrufen. Sie hatte Angst, sie hätte den Herd nicht ausgeschaltet. Wir werden also immer wieder darauf hingewiesen, das Wesentliche zu suchen und auch im kirchlichen Leben nicht an äußeren Dingen zu hängen, an dem, was nur den eigenen Egoismus befriedigt.

WN: Hast du Anregungen, wie das zappelige Weltkind von heute beim Glauben bleiben kann?

OL: Zunächst braucht es eine grundsätzliche Entscheidung: Ich will glauben. Ich will eine Orientierung haben für mein Leben. Man muss von dieser Notwendigkeit überzeugt sein. Dann kann man verschiedene Wege gehen: Sich zum Beispiel vornehmen, den Sonntag einzuhalten, die Woche nicht einfach weiterlaufen zu lassen mit irgendwelchen Vergnügungen oder Beschäftigungen, vielmehr zu versuchen, Orientierung für sein Leben zu finden. Oder: Ich kann mir eine bestimmte Zeit am Tag freihalten, zum Beispiel den Morgen, um mich in Ruhe für die Aufgaben des Tages zu sammeln. Für viele andere ist es der Abend, der den Tag abschließt. Wir brauchen den Anschluss an andere Menschen, an die kirchliche Gemeinschaft. Dann weiß ich: Da gehöre ich dazu und andere gehen mit mir diesen Weg. Was immer einer ist und wie sehr er hineingetaucht ist in die Welt und ihre Geschäfte – er muss sich einen Raum schaffen, in dem er offen werden kann für das Mehr. Das erleben viele Menschen, ohne dass sie dem christlichen Glauben bewusst angehören, in der Erfahrung einer Landschaft, der Natur. Ich spüre: Da ist mehr als nur der Nutzwert des Holzes oder der klimatischen Bedingungen. Da spricht etwas Ganzes, etwas Schönes, von dem ich ergriffen werde. Für andere kann es die bildende Kunst oder die Musik sein, bei der sie aus dem Alltag herausgenommen werden und spüren: Es gibt etwas anderes, etwas Schönes, in dem ich Einheit empfinde. Doch auch dem, der im Glauben aufgewachsen ist, muss es eine immerwährende Aufgabe sein, seinen Glauben zu vertiefen. Als wir 1984 mit »Pax Christi« in der Sowjetunion waren, kamen wir am Ende der Reise nach Sagorsk in das große Kloster. Menschen, die in einer sowjetischen Stadt lebten und einen Beruf hatten, war es nicht erlaubt, am Sonntag in die Kirche zu gehen. So haben sich viele Menschen ein paar Tage im Jahr frei genommen, um sich im Kloster Sagorsk aufzuhalten und sich religiös zu vertiefen. Es gibt so viele Möglichkeiten, je nach den persönlichen Verhältnissen.

WN: Muss man nicht auch konkret werden und zwei, drei Dinge sagen, die dazugehören, um ein Glaubensleben, wie individuell auch immer, zu vertiefen oder zu ändern?

OL: Ein verständlicher Wunsch. Aber es gibt eben keine allgemeinen Regeln. Jeder muss das für sich selbst finden und dann versuchen anzunehmen, was die Glaubensgemeinschaft anbietet.

WN: Welche Rolle spielt beim Glauben das Gebet? Was verstehst du unter Gebet?

OL: Gebet rührt an die Mitte des Glaubens, denn im Gebet trete ich in Kontakt mit dem göttlichen Geheimnis, ich nehme mit ihm eine Beziehung auf. Oder umgekehrt: Ich spüre, da ist ein Gott, der mich ruft. Dem muss ich mich, darf ich mich öffnen. Das geschieht im Gottesdienst, in dem Christus gegenwärtig wird. Das geschieht beim Lesen der Bibel oder eines religiösen Buches. Papst Benedikt hat einmal gesagt: »Wie viele Wege gibt es zu Gott? Es gibt so viele Wege zu Gott, wie es Menschen gibt.« Jeder Mensch hat seinen eigenen Weg, aber er steht in der Gemeinschaft. Es sind die vielen Wege auf einer gemeinsamen Pilgerschaft. Wir kennen die Bitte der Jünger an Jesus: »Lehre uns beten.« Und Jesus teilt ihnen das Vaterunser mit, in den beiden Fassungen des Lukas- und Matthäusevangeliums. Gemeinsam dürfen wir mit Gott sprechen, sein Geheimnis anrufen oder vom Geheimnis angesprochen und berührt werden. Es gibt viele verschiedene Formen: ein kleines, kurzes Gebet, das Jesusgebet, das Gebet der Stille, dass ich still werde vor Gott und mich vom Unendlichen erfassen lasse, bis hin zu den schönsten

Hymnen, Texten, Gesten, Kunstwerken, Melodien, mit denen der Mensch Gott anreden, loben und preisen kann. Sicher sind die Schwierigkeiten oder die Leichtigkeit beim Beten immer auch durch persönliche Erfahrungen bedingt. Mich hat sehr bewegt, als bei Exerzitien eine Ordensfrau zu mir sagte, sie habe eigentlich das Vaterunser nie richtig beten können, weil sie einen sehr unangenehmen Vater hatte. Dieses Vaterbild, das ihr eingeprägt war, hat in ihr eine Abneigung bewirkt, zu Gott »Vater« zu sagen. Es brauchte einen längeren Prozess, bis sie sich von der Last dieses väterlichen Erbes lösen und sich dem öffnen konnte, was Vaterschaft, was Mutterschaft bedeutet, wenn ich sie auf Gott übertrage.

WN: Habe ich richtig verstanden: Es gibt also auch ein Gebet ohne Worte?

OL: Das ist ein Gebet, das sich einfach dem überlässt, was wir göttliches Geheimnis, Gegenwart des Ewigen nennen. Das göttliche Geheimnis lässt sich nie ganz in menschliche Worte einfangen.

WN: Aber Empfänglichkeit dafür muss auch kultiviert werden. Ist da nicht Stille ein wichtiger Weg?

OL: Ganz gewiss geht es ohne Stille gar nicht. Mir ist immer aufgefallen, dass evangelische Christen das Vaterunser vielleicht nicht so häufig beten wie wir, aber wenn sie es beten, dann viel langsamer und andächtiger. Wir Katholiken sprechen oft viele Gebete und wollen in Wiederholungen dem Geheimnis nahekommen. Aber ohne Stille kann das Unbegreifbare nicht in uns eintreten.

WN: Wege des Glaubens gibt es so viele, wie es Menschen gibt. Sie wandeln sich. Doch letztlich geht es um das Feuer: das Feuer im Dornbusch des Mose, das Feuer im Leben des Mönchs und im Leben von uns allen. Wie kann ich dieses Feuer spüren? Lässt es sich irgendwie identifizieren?

OL: Es lässt sich nicht mit Gegenständen, mit irdischen Dingen und Begriffen identifizieren. Aber ich kann tatsächlich von einem inneren Feuer entzündet werden. Was da aufleuchtet an Stille, an Ewigem, lässt sich dann nicht mehr in Worte fassen. Aber ich weiß um den Punkt, an dem ich sozusagen hinüberschreite in das Andere, an dem ich mich von ihm erfassen lasse.

WN: Gibt es tiefe und letztlich dich und mich überwältigende Erfahrungen des Glaubens?

OL: Ja, aber letztlich sind sie bei jedem anders, darum lässt sich das nicht auf einen Nenner bringen. Wir kennen von manchen Menschen, vor allem von Heiligen, Berichte über Visionen. Da wird dem Menschen etwas kundgetan und davon ist er total fasziniert, ohne dass er es in der Regel in Worte fassen kann. Es gibt die Visionen. Aber es gibt auch den »normalen« Menschen, der nicht sagen kann: Da hat

mich das Feuer erfasst und ich bin über alles hinweg-
geschwebt. Ich könnte das von mir auch nicht sagen.
Es sind oft die Kleinigkeiten, durch die ich mich berührt fühle, ob das bei einem Gottesdienst geschieht
oder wenn ich allein bin oder wie bei uns Benediktinern beim gemeinsamen Chorgebet. Wir beten die
alten Psalmen, bei denen gewiss die Gedanken auch
immer wieder weglaufen. Aber ich spüre: Ich bin getragen von diesen Jahrtausende alten Gebeten. In
Gedanken bin ich jetzt zwar woanders, doch die anderen beten weiter. Auf diese Weise komme ich in
einen Rhythmus, bei dem ich nicht immer ganz da
sein muss, der mich aber immer wieder zurückführt
zu dem, was der Sinn meines Lebens ist.

WN: Ich kann die Jünger auf dem Berg Tabor gut verstehen, die eine großartige Vision, einen verklärten
Jesus erleben. Dann werden sie wieder den Berg hi-
nuntergeschickt. Nicht wesentlich später sind sie in
Gethsemane und erleben etwas ganz anderes. Sagt
das etwas über die Spannung aus, über die Sehnsucht
nach den überwältigenden Erfahrungen und die Be-
währung im Alltag?

OL: Ja, diese drei ausgewählten Jünger haben am
Berg Tabor erfahren, dass das Geheimnis jenes Jesus,
dem sie begegnet sind, mit dem sie gegessen und ge-
trunken haben, viel tiefer ist. Das ist ihnen dort aufgegangen. Sie konnten es aber auch nicht festhalten.
Und so geht es uns ebenfalls. Uns kann die Betrach-

tung eines Bildes der Verklärung oder der Auferstehung berühren – aber damit zeichnet sich unser Alltag noch lange nicht dadurch aus, dass alles in ihm verklärt ist.

WN: Welche Glaubensbilder, welche in Farben oder mit Worten ausgestaltete Vorstellungen sind dir sympathisch?

OL: Es gibt sympathische Erinnerungen über lange Zeit hinweg. Vor einem Jahr ist mir plötzlich, obwohl ich lange Zeit nicht mehr an ihn dachte, Contardo Ferrini, ein italienischer Professor an der Wende zum 20. Jahrhundert, eingefallen. Er war Jurist und hat ein tiefes spirituelles Leben geführt. Er schrieb ein Betrachtungsbuch, das mir eine fromme Tante schenkte, die um meine religiöse Bildung sehr besorgt war. Es hat mir sehr gut gefallen, vor allem, weil der Autor ein begeisterter Bergsteiger war. Er hat eifrig der Wissenschaft gedient und eben auch ein zutiefst religiöses Leben geführt. Ihn hatte ich inzwischen ganz vergessen. Durch einen merkwürdigen Zufall ist er mir eingefallen, als ich etwas verlegt hatte und einen Heiligen anrufen wollte. Der Heilige Benedikt ist für den ganzen Orden da; viele Heilige sind so berühmt, dass sie sehr in Beschlag genommen werden. Auf einmal ist mir Ferrini eingefallen, der 1947 selig gesprochen wurde. Ich habe überlegt: Der ist nicht so bekannt, der könnte sich meiner annehmen. Er ist mir auf einmal wieder lieb geworden und gehört inzwischen zu den Heiligen, die mir nahestehen.

WN: Wenn du dir für dein Zimmer heute ein Bild aus der großen Tradition christlicher Kunst auswählen müsstest, in welcher Richtung würdest du suchen?

OL: Wenn ich frei wählen könnte: ein mittelalterliches Bild der Verkündigungsszene, dann eine Ikone aus der Ostkirche, die das durch die Jahrhunderte bleibende Geheimnis des Heiligen verkörpert, dann noch ein Bild aus der Gruppe des Blauen Reiters, der mir in der Nachkriegszeit in der benachbarten Städtischen Galerie Lenbachhaus als erste moderne Kunst begegnete, etwa eines der Engelbilder von Paul Klee, die die Psychologin Ingrid Riedel wunderbar erschlossen hat.

WN: Wenn wir von Glauben reden und nicht von Gott explizit, dann fehlt etwas Entscheidendes. Spürst du Gott, Odilo?

OL: Es ist schwer in Worte zu fassen, was das heißt: spüren. Ich würde sagen, dass ich manchmal in meinem Inneren spüre: Er ist da, ich bin in seiner Liebe geborgen, das schon. Aber Visionen oder so etwas habe ich nicht. Es kann mich auch ein Blick auf die Natur, auf ein Gemälde an das Geheimnis Gottes, an seine Schönheit und Weite heranführen.

WN: Können wir eigentlich etwas dafür *tun*, dass Gott eine Größe unseres Lebens wird?

OL: Einfach gesagt: Wir müssen ihm Raum geben in unserem Leben. Wenn ich nur daran denke, wie uns Fernsehen und Medien überfluten oder wie ich von all meinen Sorgen eingeschnürt bin, dann scheint zunächst einmal kein Raum für Gott zu sein. Aber eine Notlage kann dazu führen, dass ich nicht mehr zurechtkomme. Ich brauche eine Orientierung, die von Gott her kommt. Dafür muss ich mich bereithalten. Darum dürfen und können wir uns immer wieder neu bemühen, für Gott, für das Wirken seines Geistes in uns Raum zu schaffen. Also: Das Vordergründige darf uns nicht voll in Beschlag nehmen.

WN: Und müsste man nicht eigentlich sogar exakter bedenken, er, Gott, ist ja schon längst da?

OL: Ja, aber ich muss ihn annehmen.

9

Geborgen in seiner Hand

....

An der Schwelle

WN: Odilo, unendlich scheint das Feld, auf dem wir suchen, fragen und manchmal auch finden. Du bist 86 Jahre alt, du warst sehr krank und hast immer deutlich und offen vom Tod gesprochen. Ist dieses Leben eigentlich all seine Mühe wert?

OL: Gerade wenn ich den Tod nicht aus den Augen verliere, weil ich daran denke, dass wir alle einmal sterben werden, auch du und ich, wird mir klar: Mein Leben hat ein Ziel. Wenn ich einst auf mein ganzes Leben zurückblicke – das ist im Tod wohl gegeben –, dann möchte ich sagen können: Es war sinnvoll, es war gut, auch da, wo ich es verfehlt habe, auch da, wo ich versagt habe. Das Leben hat mir immer wieder neue Chancen eingeräumt. Alles wird, wenn ich es Gott übergebe, sinnvoll und gut. Dann ist das Leben, so wie es uns fordert und mit allem, was von uns verlangt wird, der Mühe wert. Das wäre schön, wenn man sagen könnte: Ich habe konsequent auf dieses Ziel hin gelebt. Auch Benedikt mahnt, wir sollen jeden Tag an die Stunde des Todes denken.

WN: Wenn du drei Dinge Gott vorlegen könntest, die dein Leben reich und groß machen, was würdest du ihm hinhalten?

OL: Ich würde zunächst einmal einholen, was schön war: verschiedene Berglandschaften, etwa in der Kindheit in der Schlierseer Gegend, später in Südtirol, die mich erfüllten und in die Ewigkeit begleiten. Das zweite wäre die Begegnung mit Menschen, bei denen ich gespürt habe, sie verstehen mich oder ich verstehe sie. Ich konnte ihnen vielleicht etwas mitgeben, weil sie mir gesagt haben: Das hat mein Leben hell gemacht. Öfters ist es so, dass ich bei einem anderen spüre, dass der Glaube eine neue Orientierung schenken kann. So hat in einem Gespräch einer, der mich mit seinen Fragen provoziert, aber auch angeregt hat, geäußert: »Da habe ich meinen Weg gefunden.« Das ist etwas sehr Schönes. Hinhalten würde ich die Tätigkeiten als Seelsorger, an einem Sterbebett oder bei Firmungen. Ich denke dabei auch an Dinge, die mich zunächst gar nicht befriedigt haben. Als ich Kaplan war, empfand ich einen großen Unterschied zwischen den Mädchen- und Bubenklassen. In den Mädchenklassen war der Unterricht leicht zu erteilen. Die Lehrerin blieb im Raum und hatte vorher schon gesagt: »Seid brav und bleibt ruhig.« Sie hätte auch sofort eingegriffen, wenn es eine freche Antwort oder sonst eine Provokation gegeben hätte. Da lief alles sozusagen von selbst. Aber schön sind in der Rückschau auch die schwierigen Dinge, die in Erinnerung bleiben. So zum Beispiel eine Bubenklasse mit etwa 50 Schülern, Mitte der 50er-Jahre. Sie hatte einen älteren Lehrer, der sich schwertat mit diesen Kerlen. Er verließ, wenn es läutete, sofort die Klasse und ließ mich mit ihnen allein. Es war sehr schwer, dort Ordnung hineinzubringen. Ich habe einfach angefangen, eine Geschichte zu erzählen, wie es auch ein befreundeter Mitbruder tat. So habe ich eine Indianergeschichte erfunden und wurde dann ihr »Sklave« das ganze Jahr hindurch. Wenn ich kam, war die erste Frage: »Pater, hören wir heute wieder die Geschichte vom »Scharfen Auge«?« Dann musste ich wieder etwas erfinden, je nach Thema des Unterrichts. Da lag zum Beispiel einer im Sterben und musste noch getauft werden. So kam ich zum Thema Taufe. Aber es war schon schwierig, von der Geschichte wieder zum Stoff zu kommen. Bei der Taufe beispielsweise braucht man Wasser. Nach kurzer Zeit kam die Frage: Wenn aber kein Wasser da ist? Ich war, wie gesagt, der Sklave dieser Geschichte geworden. Ich habe mich gefragt: Um Gottes willen, was werden diese Kerle vom Religionsunterricht mitnehmen? Beruhigt hat mich, dass einer am Ende des Schuljahres erzählt hat: »Am Samstag darf ich mit dem Vater immer zum Schwimmen gehen. Da muss ich ihm erzählen, wie es mit dem ›Scharfen Auge‹ weitergeht.« Als ich einigen Schülern später wiederbegegnet bin, haben sie mir gesagt: »Sie haben uns damals diese tolle Geschichte erzählt.« Also ist doch etwas in Erinnerung geblieben. Einer von denen, die mich später daran erinnert haben, meinte: »Da waren Sie vielleicht kein ausgefuchster Theologe, aber ein guter Psychologe.« Ein kleines Beispiel, an das ich mich doch gerne erinnere.

WN: Sprichst du mit Gott über dein Leben? Hast du das Gefühl, er hört zu oder er schweigt?

OL: Gerade wenn ich an unangenehme Dinge, an Schuld und Versagen denke und sie nicht verdränge, dann habe ich das Gefühl: Gott weiß es, er hört zu und tröstet mich. Ich spüre wohl, wenn Gott zufrieden ist mit dem, was ich sage. Ich erzähle Gott, was ich gerne möchte im Leben und in der Welt. Aber dann fahre ich fort: Du weißt besser, was mir guttut und wie die Geschichte weiterläuft.

WN: Die Erfahrung des Schweigens Gottes kennst du eher nicht?

OL: Das gehört dazu. Das Schweigen Gottes bedeutet: Er bleibt das alles Endliche übersteigende Geheimnis. Aber doch haben wir manchmal einen Impuls, einen Einfall. Da wird uns klar: Das will Gott von mir.

WN: Wenn dann der Tod kommt, ist er dir willkommen?

OL: Man erlebt als Seelsorger verschiedene Weisen des Sterbens. Beispielsweise ein sehr qualvolles Leiden und den Verfall der Kräfte. Aber man erlebt auch, wie manche Menschen durch alles tapfer hindurchgehen. Ich kann sagen, dass ich für gewöhnlich keine Angst vor dem Tod habe. Da wirkt ein natürliches Vertrauen: Es wird schon gut gehen. Zweifelsohne erfahren wir die Vollendung unseres Lebens, wenn wir Gott, dem unendlichen Geheimnis und dem Sinn der ganzen Geschichte, gegenüberstehen. Viel Peinliches gehört auch zum eigenen Leben. Aber ich glaube an die Barmherzigkeit Gottes, dass er das mit einem liebenden Auge ansieht. Mehr würde ich fürchten, dass es ein öffentliches Gericht gibt. Wir wissen nicht, wie das sein könnte. Aber wenn ich mir vorstelle, dass mein ganzes Leben offenliegt und Leute, die mich bewundert, die viel von mir gehalten haben, bemerken, zu welch »verruchten Dingen« ich fähig war – das würde mich schon sehr genieren. Aber ich denke, das gehört zu der Läuterung, die uns im Sterben und nach dem Sterben aufgegeben ist. Da realisiere ich: Du warst ja ganz anders, als du dich dargestellt hast. Das sind die dunklen Seiten in deinem Leben. Aber ich glaube wirklich an die Liebe und Barmherzigkeit Gottes. Dass ich sie missachtete, wird mich schmerzen. Aber er wird mich darüber hinwegführen, tiefer hinein in die Gemeinschaft mit ihm.

WN: Spielen da auch die Gedanken eines Verlorenseins oder einer möglichen ewigen Verdammnis eine Rolle?

OL: Eigentlich nicht. Schlimme Höllenqualen habe ich mir nie besonders ausgemalt. Und ich möchte sie auch nicht anderen Menschen einreden. Es hat mich sehr bewegt, wie Carl Orff – ich erwähnte das bereits – ein halbes Jahr vor seinem Sterben zu mir nach Andechs kam, um mit mir über sein Begräbnis zu sprechen. Er erzählte viel aus seinem Leben. Als Bub hatte er im Religionsunterricht gegen manches rebelliert, zum Beispiel in Bezug auf die Geschichte von Abraham und Isaak: Die Opferung von Isaak, das kann doch Gott nicht verlangt haben!, sagte er. Orff meinte: »Wenn ich einmal hinüberkomme, werde ich zu Gott sagen: ›Also, das mit der ewigen Hölle – dös geht net, dös passt net zu dir.‹« Er hat dann in seinem letzten großen Werk »Das Spiel vom Ende der Zeiten« sehr eindringlich die Angst der Menschheit vor dem Ende geschildert. Aber am Schluss erscheint der Teufel und ruft: »Pater peccavi« – »Vater, ich habe gesündigt.« Und dann tritt die ganze Welt vor: »Vater, ich komme zu dir. Du bist die letzte Vollendung« – »summus finis.«

Auch Theologen wie Hans Urs von Balthasar sprechen von der Möglichkeit der Apokatastasis, der guten Wiederherstellung von allem, wie es die Apostelgeschichte nahelegt (vgl. Apostelgeschichte 3,21). Mich hat schon früh das Wort eines Theologen beruhigt: »Ja, an die Hölle muss man schon glauben, aber nicht daran, dass jemand drin ist.« Wenn Gott uns auch die Freiheit gegeben hat, ein Nein zu ihm zu sagen, so dürfen wir doch glauben, dass am Schluss die Güte und Liebe Gottes stärker sind als all unser Nein.

WN: Von Hieronymus Bosch gibt es das wundervolle Bild vom Aufstieg der Verstorbenen ins Licht. Kannst du mit solchen Bebilderungsversuchen etwas anfangen?

OL: Ich denke schon. Diese Bilder gleichen ja nicht einem Foto vom Himmel oder vom Ende der Zeiten oder von etwas anderem Jenseitigen. Sie sind aus dem Glauben, aus den Vorstellungen des Künstlers erwachsen und zeigen uns daher etwas von dem, was uns der Glaube sagt. Das Hinaufsteigen ist eigentlich ein schönes Bild. Wir leben in der Vorstellung vom Oben. Wir schauen gerne hinauf. Auch Jesus ist in den Himmel aufgefahren. Das sind alles Bilder von dem, was uns nicht vorstellbar ist. Aber Bilder können eine innere Einstellung festigen: Mit den Verstorbenen steigen wir auf zum Licht.

WN: Ich wechsle im Tod sozusagen von der einen Lebensseite auf die andere. Gibt es eigentlich bereits auf dieser, uns hier und jetzt miteinander verbindenden und zugänglichen Lebensseite Hinweise auf die Existenz der anderen Seite?

OL: Wir kennen die Nahtoderlebnisse: Menschen, bei denen das Herz ausgesetzt hat, erfahren dann gewöhnlich eine gute, sehr schöne Welt. Sie bedauern oft, dass sie wieder in ihr irdisches Leben zurück müssen. Wir alle aber dürfen uns an die Verheißungen Jesu halten. Und jede Vorstellung des transzendenten Gottes ist auch ein solches sich Hineinbegeben in eine ganz andere Welt. Er ist da! Er ist einfach Liebe! Er ist Schönheit! Das sind schon Geschenke hinein in unsere Welt: Etwas Unvergängliches wird spürbar. Das kann sich vielfältig im christlichen Leben zeigen. Heiligenverehrung etwa eröffnet einen solchen Blick in eine jenseitige Welt. Wir sind davon überzeugt: Die Heiligen leben, sie sehen uns, sie hören mich, wenn ich um etwas bitte. Sie sind daher auch von Malern darstellbar. So können zum Beispiel die verschiedenen Mariendarstellungen unseren Blick in die Welt Gottes lenken, in die auch wir eingehen werden.

WN: Wenn ich mich an die Begegnungen und die Erfahrungen mit dir über die Jahre erinnere und auch heute in deine wachen Augen blicke, dann verstehe ich einfach nicht, dass ein solcher Mensch weggeht. Sind die Toten eigentlich wirklich »weg«?

OL: Ich glaube nicht. Sie sind nur in einer ganz anderen Welt, die uns nicht zugänglich ist. Das ist auch ein Trost für Menschen, die um einen anderen trauern. Ich darf darauf vertrauen: Die Verstorbenen leben und sind in diese große Liebe Gottes mit eingeschlossen und so auch mit uns verbunden. Sie sind in die Liebe Gottes, der uns sieht, mit hineingenommen und können für uns eintreten. Sie sind uns nahe. Ich denke, manche Menschen haben das auch wirklich erfahren: Sie spüren beispielsweise, mein verstorbener Mann ist noch da und begleitet mich. Das sind innere Erfahrungen. Viele meinen, dass wir da einer Illusion aufsitzen. Aber das ist auf jeden Fall eine gute und hilfreiche Vorstellung. Das verheißt unser Glaube: Dieses Leben ist nicht ausgelöscht, es erstreckt sich in die Ewigkeit und bleibt uns als Leben auch weiter nahe. So erscheint mir auch die Friedhofskultur durchaus als etwas Sinnvolles.

WN: Es gibt durchaus spürbare und nicht wahnhafte Verbindungen mit Toten?

OL: Ja, vom Glauben her ist das wahr.

WN: Wir rühren an letzte, sehr persönliche Dinge. Bist du neugierig auf das Danach und hast du irgendwelche diesbezügliche Erwartungen?

OL: Vorstellungen habe ich, je älter ich geworden bin, abgelegt. Es gibt eine schöne Weisheitsgeschichte: Einige haben miteinander ausgemacht, dass, wenn einer stirbt, er den anderen mitteilt, wie es da drüben ist. Die Antwort des Verstorbenen: »Totaliter aliter«, also ganz, ganz anders. Wir brauchen uns keine kindlichen Vorstellungen vom Himmel zu machen, wir dürfen darauf vertrauen, dass alles im unendlichen Geheimnis Gottes geborgen ist.

WN: Es stimmt doch: Nutze den Tag, liebe den Augenblick, doch sei bereit! Wie kann man die Freude am Augenblick mit der Bereitschaft zum letzten Aufbruch zusammenbringen?

OL: Wenn ich als glaubender Mensch Freude am Augenblick, an etwas Schönem empfinde, darf ich darin ein Geschenk Gottes sehen. Geschenke kommen aus dem freien Willen eines anderen. Sie sind mir ein Anzeichen dafür, dass es der Betreffende gut mit mir meint und dass ich immer wieder etwas Gutes erwarten darf. Der Aufbruch könnte sich also lohnen!

WN: Diese Geschenke machen sozusagen Lust auf mehr. Alles in allem wirktest du auf mich nie wie ein in ständiger Trauer verfangener Melancholiker. Selbst angesichts gravierender Einschränkungen durch Alter und Krankheit leuchten immer wieder deine Fröhlichkeit und deine Heiterkeit auf. Woher kommt diese Heiterkeit an der Schwelle und überhaupt im Leben?

OL: Das sind wohl auch Charaktereigenschaften, die in mir angelegt sind und sich schon früh entfalten durften. Aber ich kenne natürlich auch die dunklen Schluchten, durch die ich hindurchgehen musste. Doch war ich immer überzeugt: Die Schlucht hat ein Ende, ich komme auch wieder heraus in eine neue Freiheit. Das würde ich gerne festhalten: Ich kann im Glauben geborgen sein und von der Dunkelheit der Angst befreit werden. Andere finden vielleicht Zuspruch in der Natur, in der Musik, in Gedichten. Bei Helga Unger lese ich in dem Band »Tänzer, wir auf dem Krater« das letzte Gedicht: »Von seiner Hand«:

Im Ursprung erschaffen, Du von seiner Hand entlassen in Freiheit. Wir scheinbar dieser Hand entfallen, von seiner Hand geborgen, eingeschrieben für immer in seine Hand.

Das entspricht dem, was Jesus uns hinterlassen hat: Wir dürfen zwar Menschen des Fragens sein, der unendlichen »Warum-Fragen«. So endet Jesus am Kreuz nach Matthäus und Markus mit den Worten: »Mein Gott, warum hast du mich verlassen?« Bei Lukas aber lautet sein letztes Wort: »Vater, in deine Hände übergebe ich meinen Geist.« Auf diese doppelte Haltung käme es an: Warum zu fragen, durchaus immer weiter zu fragen, aber auch mehr und mehr davon überzeugt zu sein, in der Hand Gottes zu sein, in seine Hand zu fallen.

WN: Und diese Gelassenheit führt dann zur Fröhlichkeit.

OL: Ja.

WN: Ich bitte dich zum Abschluss unseres Gesprächs, in einer Art Zusammenschau Hinweise zu wagen, worauf es im Leben letztlich ankommt.

OL: Ich habe immer wieder angedeutet, worauf es mir ankommt: nach einem Sinn zu suchen, also auch

Warum zu fragen, mit dem Fragen nicht ans Ende zu kommen. Manche Wissenschaftler hegen die Vorstellung, dass wir einmal alles wissen oder wissen werden. Das ist ein Irrtum. Wir dürfen immer weiter auf dem Weg sein und fragen. Aber wir dürfen auch immer wieder in der Glaubensgewissheit leben: Ich bin in seiner Hand. Ich lege alles wieder in seine Hände. Und diese Doppelung von Suchen und Fragen kann einmünden in ein letztes Ja zum eigenen Leben, zum Lauf der Welt, zum Geheimnis Gottes.

Über zwei Bilder aus meiner Kindheit, die plötzlich jetzt im Alter wieder auftauchen, möchte ich diese Gedanken noch vertiefen. Das eine, schon aus dem frühen Volksschulalter – und ich las dann einmal, dass auch andere Menschen diese Vorstellung hatten –: Alle Menschen, die mich umgeben, sind für mich ersonnen, um mir Anreize, eine günstige Umwelt, Bildung zu geben. Und das andere Bild aus der frühen Kindheit: Das, was ich von Jesus höre, könnte sich als Irrtum herausstellen – der wahre Jesus, der die Welt beglückt, könnte dagegen ich selbst sein. Ich hatte diesen Gedanken freilich rasch fallengelassen – vor allem, weil meine Eltern so gar nicht Maria und Josef entsprachen. Aber an dieser kurzen Fantasie leuchtet doch die Versuchung des Menschen auf: Alles ist um meinetwillen da und ich könnte auch Gott sein, der erlöst. Dagegen der Weg des Glaubens: alle Götzen, auch die Götzenbilder vom eigenen Ich ablehnen und den einen Gott suchen, der für alle und in allem ist, ihm, dem Einen, dienen! Dies wäre als das eine große Ziel meines Lebens immer tiefer und umfassender zu erfahren. Dieser eine Gott ist in mir und in allem. Oder, wie es die Benediktsregel am Ende des Kapitels über die Mönche als Handwerker (57) formuliert: Damit in allem Gott verherrlicht werde. Darum geht es: Das Herz von der Herrlichkeit Gottes weit werden lassen und ihn zu verherrlichen.

WN: Und die Schatten über dem Leben, die Ängste, das Versagen, beruhigen die sich oder werden sie länger?

OL: Durch deine Fragen hast du mich angeregt, intensiver über mein Leben und die Entwicklung der Kirche in unserer Zeit nachzudenken. Dabei ist mir mehr als bisher bewusst geworden, wie viele dunkle Seiten auch meine Lebensgeschichte enthält, wie viel Versagen ich bei mir vorfinde, was ich Mitbrüdern und anderen Menschen schuldig geblieben bin, wie ich Gott nicht die Treue gehalten habe. Aber auch das Versagen der Kirche wird mir neu bewusst: Wie viele Aufbrüche, vor allem nach dem Zweiten Vatikanischen Konzil oder nach der Deutschen Synode regten zu Hoffnungen und Zukunftsentwürfen an. Und doch sehen wir auch hier immer wieder unser menschliches Versagen. Ein Trost ist mir dabei die Betrachtung der Evangelien, etwa des 14. Kapitels des Matthäusevangeliums. Ich stoße auf die Faszination, die von Jesus auf die vielen Menschen ausging.

Da geschieht die wunderbare Brotvermehrung. Wie die Jünger denken wir wohl alle: So könnte, so wird es weitergehen. Der Herr drängt die Jünger, ins Boot zu steigen und an das andere Ufer zu fahren. Er aber bleibt allein auf dem Berg, um zu beten. Die Jünger sind in ihrem Boot dem bedrohlichen Gegenwind ausgesetzt. Gegen Ende der Nacht hin sehen sie Jesus über den See wandeln. Sie schreien vor Angst, weil das ihnen – wie uns so oft auch – als bloße Illusion, als ein Wunschbild erscheint. Aber dann vernehmen sie die Stimme des Herrn: »Habt Vertrauen, ich bin es.« Wir dürfen uns auf diese Stimme, auf diese Erscheinung einlassen. Ich darf neu auf den Herrn vertrauen, auch wenn meine Wirklichkeit so gar nicht dem entspricht, was ich erwartet und geplant habe. Mit Petrus darf ich aufbrechen und bitten: »Herr, wenn du es bist, so befiehl, dass ich zu dir komme.« Ich darf mich darauf einlassen, dass Jesus sagt: »Komm!« Ich darf voll Vertrauen neu mit dem beginnen, was für meine irdische Berechnung unsinnig erscheint. »Im Glauben voranschreiten heißt sozusagen, vertrauensvoll auf dem Wasser gehen«, sagt David Steindl-Rast. Freilich wird es mir wie Petrus gehen, ich spüre den Gegenwind, die bedrohlichen Mächte dieser Welt. Alles scheint unterzugehen. Aber mit Petrus dürfen wir dann auch immer wieder rufen: »Herr, rette mich!« Wir dürfen uns von der ausgestreckten Hand des Herrn ergreifen lassen. Auf diese Hand dürfen wir vertrauen und den Zweifel überwinden.

Bei all meinem Versagen und bei allem Versagen der Kirche dürfen wir, wie damals die Jünger am See Genezareth, erfahren: Auch wenn alles ganz anders kommt, als wir es erwarten und planen: Er, Jesus, zeigt sich als »Gottes Sohn«. Wann immer in meinem Leben etwas schiefging, wann immer etwas für mich und für andere als Untergang erschien: Seine Hand rettet uns hinein in seine Herrlichkeit.

Dank

Dieses Buch hat eine besondere Vorgeschichte. Nachdem Altabt Odilo Lechner und Winfried Nonhoff übereingekommen waren, einen Gesprächsband anzugehen, stimmte der Vier-Türme-Verlag freudig seiner Realisierung zu. Br. Linus Eibicht OSB und seinem Verlagsteam sei für die Zusammenarbeit gedankt.

Ohne die spontane Großherzigkeit von Herrn Stefan Eß, Direktor des Sankt Michaelsbunds München, bei der technischen Umsetzung des Projekts zu helfen, hätte es den Basistext des Buches so nicht gegeben. Herr Alois Bierl, Leiter der Radio-Redaktion im Sankt Michaelsbund, begleitete die Aufnahme der Gespräche mit Kompetenz und Geduld. Beiden sei herzlich gedankt.

Aus den Aufnahmen der Gespräche – mit all den Gegebenheiten lebendiger Rede – musste ein belastbares Manuskript werden. Frau Sieglinde Aumann, die langjährige Mitarbeiterin von Altabt Odilo Lechner, unterzog sich der Mühe der Texterfassung mit gewohnter Souveränität und inhaltlicher Kompetenz. Ihr ein besonderer Dank!

Wo immer möglich, wurde der Charakter gesprochener Rede in diesem Band beibehalten. Der erwähnten Vorgeschichte ist dies geschuldet.

Von Altabt Odilo Lechner und Winfried Nonhoff
sind im Vier-Türme-Verlag auch die beiden Bücher
auf den folgenden Seiten erschienen:

Odilo Lechner
Winfried Nonhoff

Wozu sind wir
auf Erden?

Die große Frage nach
dem Sinn des Lebens

111 Seiten, gebunden
mit Schutzumschlag
ISBN 978-3-7365-0012-9

Wozu sind wir auf Erden? Diese Frage stellen sich Menschen schon immer. Altabt Odilo Lechner, ehemaliger Abt der Klöster Andechs und St. Bonifaz, und Winfried Nonhoff, ehemaliger Verlagsleiter, haben sich in einem Briefwechsel über diese Frage ausgetauscht.

Entstanden ist ein spannendes Buch, das dazu anregt, sich selbst auf die Suche nach einer ganz persönlichen Antwort zu begeben.

www.vier-tuerme-verlag.de

Ein spiritueller Dialog über die Endlichkeit des Lebens

Odilo Lechner
Winfried Nonhoff

Wohin gehen wir?

Gedanken über Tod
und Ewigkeit

96 Seiten, gebunden
mit Schutzumschlag
ISBN 978-3-89680-823-3

Zwei Männer – der eine in den Achtzigern, der andere gerade
über sechzig – sprechen über das, was unweigerlich irgendwann
kommt: Sterben und Tod.

Daraus entsteht ein intensiver spiritueller Dialog auf Augenhöhe
über wichtige Fragen: Über die Angst vor dem Tod und die ar-
chaischen Bilder in unserer Seele. Über die letzten Lebensjahre
und die Chance eines guten Sterbens. Und über die Hoffnung
auf das Ewige, die über allem leuchtet.

Ein Buch für Menschen, die den »letzten Dingen« mit Freund-
lichkeit und Gelassenheit begegnen wollen.

www.vier-tuerme-verlag.de